子供たちはいかにして俳句と出会ったか

夏井いつきの俳句の授業

創風社出版

子供たちはいかにして俳句と出会ったか

夏井いつきの俳句の授業

目次

まえがきにかえて　—　HOPE　4

第一章　テレビ戦士はいかにして俳句と出会ったか　7
俳号を作ろう　東京　関口芭蕉庵　8
『取り合わせ』って何？　東京　本　郷　24
吟行って楽しい・句会ってスリリング　東京　向島百花園　34
俳句合宿・一人一日一〇〇句に挑戦　山梨　湯ノ沢温泉　50

第二章　小学生はいかにして俳句と出会ったか　65
季語を探そう　御荘町立長月小学校　66
『季語当てクイズ』『取り合わせ』に挑戦　砥部町立麻生小学校　80
十二文字のフレーズを作ろう　内海村立家串小学校　101

第三章　中学生はいかにして俳句と出会ったか　121
ベストテン方式句会ライブ　私立愛光中学校　122

「からっぽ」から発想する『取り合わせ』　面河村立面河中学校　142

第四章　高校生はいかにして俳句と出会ったか　161

恋の俳句ボクシング『虎の巻』　163
恋の俳句ボクシングIN愛光高　私立愛光高等学校　167
レポート　八塚あづき（元国語科教諭）

第五章　俳句の授業を語る　179

座談会「俳句の授業」(1)(2)　180
愛媛大学教育学部教授　三浦和尚
俳句新聞「子規新報」編集長　小西昭夫
夏井いつき

第六章　『取り合わせ』指導のための季語集・例句集　207

まえがきにかえて

—— HOPE

学校を回っての句会ライブを始めてから、今年で五年目に入った。最初は、『俳句甲子園』実現のための草の根運動だと腹をくくって始めた活動だったが、今となっては私のライフワークとなってしまった。

どこの学校に行っても、初めて会う子供たちとの一発勝負。彼らに私という人間を、短時間でアピールし、打ち解けさせ、俳句の扉を「ねえ、みんなで一緒に開いてみようよ！」というムードに持ち込めるかどうか、それが勝負の分かれ目だ。限られた時間の中で、どういうふうにどんなことを語れば、一挙に心をひらいてくれるか。子供たちの反応を見逃さないようにアンテナをビンビン張りつつ、和やかに愉快にその場のテンションをこっちの土俵にひっぱりあげることができれば、もうこっちのもの。だが、これぱっかりは公式があるわけではないので、場数を踏みながらじわじわ覚えていくしかない。

そんな句会ライブを続けることで、私が子供たちに何を伝えようとしているかというと、それは『言葉の楽しさ』と『コミュニケーションの楽しさ』。ときどき「未来の俳人を発掘する、究極の青田刈りですか」と皮肉を言われることがあるが、そんなことはこの活動の目的の下の下あたりに位置することだ。

自分のことを分かってくれない、自分の思っていることがうまく伝えられない子供たちが、こんなに増えてしまった現代。自分について、生きることについて、感動について語るなんてことは、ダサくてウザったいことだという彼らは、すぐに口をつぐんでしまう。しかし、そこに提示された『俳句』の十七文字について議論してみようというふうに持ち込むことができれば、彼らは第三者の感想という形を借りて、己をどんどん語り出す。人が語ることを真剣に聞き、自分の意見を真剣に返す。そんな『座』から、彼らは自分の中に隠れていたコミュニケーション能力を発揮し始める。そしてそれは、互いを理解し合い認め合うという、まさに彼らの『生きる力』となっていくのだ。

先だっての、ある中学校の句会ライブでの出来事。あらかじめ子供たちに『取り合わせ』の作り方を指導して下さっていたS先生の手腕のおかげで、なかなかユニークな作品が出揃っていたので、楽しいライブになるだろうと予想はしていた。だが、私の知らないところで、こんな素敵なドラマが生まれていたのだった。

S先生が送って下さった子供たちの感想の中に、赤ペンで「3年男子」と添え書きされた、こんな文面を見つけた。

「先生。今日、Kが少年式と句会ライブに出席したよネ。なんかすごいHAPPYでした。今までKの席が空いてて、本当のクラスじゃなかった気がする。そして、Kの句が選ばれて、K、一七八名の生徒の前に出たんだヨ。すごい‼って思いました。選ばれた時のKの顔、今も頭に思い浮かぶヨ。チョット照れくさそうに、そしてHAPPYそうに…。あんなKの顔、久しぶりに見ました。これをきっかけに、教室にも常にKがいたらいいなって思いました。

I　HOPE」

保健室登校などという言葉が市民権を得ているような現代、たかが俳句なんぞで何ができるという思いも確かにあった。が、入賞インタビューに答えてくれた彼のあのはにかんだ笑顔を思い出すと、まだまだやれることはあるのだという強い思いが湧いてくる。

I　HOPE

夏井いつき

第一章　テレビ戦士はいかにして俳句と出会ったか

俳号を作ろう　東京　関口芭蕉庵

『取り合わせ』って何？　東京　本郷

吟行って楽しい・句会ってスリリング　東京　向島百花園

俳句合宿・一人一日一〇〇句に挑戦　山梨　湯ノ沢温泉

俳号を作ろう

東京　関口芭蕉庵

彼らと初めて出会ったのは、春まだ浅い東京は関口芭蕉庵だった。人気子供番組『天才てれびくんワイド』（ＮＨＫ教育テレビ）に『俳句道場』というコーナーができることになり、ついては俳句を志すために立ち上がった四人のテレビ戦士たちに俳句を教えて欲しい、との依頼をもらったのは、ほんの一カ月前。ずいぶん慌ただしい話ではあったが、これは面白いことになりそうだと、わくわくしながら上京した。なにぶん東京の街はチンプンカンプンの私が、送られて来た地図を片手にやっとその場所を捜し当てたどり着いた時には、『天てれ俳句クラブ』の面々はすでに勢揃いしていた。

愛くるしい笑顔と元気な挨拶が印象的な、小学校四年生の山元竜一クン。控えめな笑顔ながらその目にありありと好奇心が読みとれる、小学校五年生の饗場詩野ちゃん。はきはきと気持ちよく、しかもユーモアたっぷりの受け答えをするのは、今年中学生になったばかりだという棚橋由紀ちゃん。そして、キリッと知的でかわいい高校生だなと思ったら、なんと二十ウン歳の妙齢のタレントさんだった、せがわきりちゃん。

始めましてのご挨拶やら自己紹介やらが一段落ついた後、今回の俳句ネタの仕掛け人でもある藤森康江ディレクターから簡単な説明を受ける。一言一句決められたような台本がないことにまずは安心し、早速、子供たちと一緒に、芭蕉庵の一室に腰を落ち着けた。

「先生、よろしくお願いいたしま～す」

まずは、きりちゃんが、リーダーらしい元気なご挨拶。その隣にきっちりと正座していた残りの三人も声を揃えて「よろしくお願いしま～す！」と、ここまでは良かったのだが、次に彼らが私の目の前にさまざまな道具を取り出し、一人一人が説明を始めたのには驚いた。自分たちが俳句修行に必要だと考えた道具を、それぞれが持参したというのだ。正座用の椅子、得意のけん玉、気持ちを落ち着けるための『おじゃるまるの本』、音が素敵だからと持ってきたハーモニカ、お守り代わりの縫いぐるみ、果ては旅に出るための水だ塩だと、意気揚々と説明を続ける天てれ俳句クラブの面々。その真面目な表情を見ていると、もう笑いをこらえるのが必死だ。

「そんなもんで俳句は出来ない！」と一喝した後で、聞いてみる。

「ねえ、みんなは俳句って何か知っててきた？」

すかさず竜一君が目をクルクルさせながら答えた。

「あのね、俳句は最初が五文字、真ん中が七文字、最後も五文字」

「うん、なるほど。それだけ知ってたら俳句の半分は知ってることになる」

「えっ、これでもう半分なんですか？」と、きりちゃんが目をクルクルさせる。

「あのぉ、私も一つ知ってるんだけど…なんかね、季節の言葉を入れなくちゃいけないってことを聞いたことがあります」と詩野ちゃんが、おどおど口を開いた。

俳句のきまり

①季語（季節を表す言葉）を入れる。
②五七五のリズムにする。

「なーんだ、みんな知ってるじゃない。季語っていう言葉を知ること、そして五七五が数えられること。もうこれで俳句はすぐにできちゃうんだよ」
「えっ、たったそれだけ？」と拍子抜けしている面々。
「うん。あとは、道具だね」

俳句に必要なもの

①句帖（メモ帳）
②ボールペン（書くもの）

「えっ、筆じゃなくていいんですかぁ？」というのは、必ずといっていいほど投げかけられる質問。俳句は、おじいさんが縁側に座って短冊に筆でしたためるものだという思い込みは、やはり根強い。自分の好きな筆記用具でＯＫなんだということを説明し、彼らの俳句修行のスタートを祝って持参した句帖とボールペンを、一人一人にプレゼントする。「うわー、なんかホンモノの俳句の人みたい」と、はしゃぐ四人。

「さあ、これでひとまず、俳句を作る準備が出来たから、早速、今日最初の作品作りに取り掛かろう」

レッスン1　俳号（俳句用の名前）をつけよう。

「最初にチャレンジしてもらうのは、自分の俳号作り。みんなの本名っていうのは、お父さんやお母さんが一生懸命考えてつけて下さった名前なんだけど、俳句をするときには自分で自由に名前をつけて楽しむことができるの」

「それって、ペンネームとかラジオネームとか、そんな感じなんですか？」

「そう、まさにそんな感じ。どんなふうに名前をつけてもいいんだけど、例えばね、

高濱清（きよし）　↓　虚子（きょし）

これは有名な俳人のオジサンの名前。この人は、本名がキヨシさんなの。で、『ヨ』っていうのを、小さい『ョ』に変えて、こんな字を当てはめて、キョシさんって名乗るようになったわけ」

「へえー、こんな付け方でもいいのか」

木村晃一（きむらこういち）　↓　高麗キムチ（こうらいきむち）

「これは私の俳句友達。キムラコウイチさんっていう名前をバラバラにして、組み立て直したら、コウライキムチって言葉になることを発見して、それを俳号にしたの」

「へえー、おもしろ〜い！」

「おいしそ〜！（笑）」

「それって、やっぱり自分の本名をもじった方がいいんですか？」

「ううん、なんでもあり。例えば、松山のお菓子に『タルト』っていうのがあって、それをそのまんま付けた『森本タルト』さんっていうオネエサンもいれば、谷明子（さやこ）さんってのが本名なんだけど、『さやこ』と平仮名で書いてた名札を読み違えられて、『こ』っていう平仮名が『ン』っていう片仮名に見えちゃったとかでね、それ以来『谷さやン』っていう俳号になった人もいる」

「わあー、楽しそう。じゃあ、ほんとになんでもいいんだ」

俳号の付け方

①自分の本名をモジる。

②自分のニックネームを利用する。
③自分の好きな文字や言葉を使う。
④自分の好きなものの名前をつける。

「例えば、好きな食べ物は何？」

「僕はラーメン」と、元気な答えが返ってきた。

「そんならね、山元ラーメン」

「えー！　そんなんでいいの？」と、大笑いする竜一クン。その笑いがおさまらないうちに、

「はーい、できました」と手をあげたのは、棚橋由紀ちゃん。

「うっわー、早いなあ。この早さが俳人的。どれどれ」と、のぞき込む。

田名歯詩雪（たなはしゆき）

『歯』という字のインパクトの凄さに、皆で思わずのけぞる。

「でもさぁ、由紀ちゃん。それ一年間使うんだよ。私たちは笑えるからいいけどさぁ、ホントにこれでいいの？」と、きりちゃんがお姉さんらしいアドバイス。さすがの由紀ちゃんも「もうちょっと考える」と、おとなしく引き下がった。

「僕もちょっと考えたんだけど」と、次に口を開いたのが竜一クン。

「僕の本名は山元竜一なんだけど、『竜』って、タツとも読みますよね。で、こんなのを」

山元竜丸（やまもとたつまる）

「ほーっ、カッコイイ」「めっちゃくちゃ強そう」と、皆の評判は上々。すると、彼は「あっ、もう一つ思いついた」と、いきなりまたペンを走らせ始めた。どれどれと、その句帖を覗いた私の笑いが、爆発した。

「きゃっハー！　これいいわ」

山元ドラゴン（やまもとどらごん）

「いいよ、これ」「あくまでも、竜にこだわる男だね」という外野席の声に、彼はチョコンと座り直しながらこう、答えた。

「はい、とりあえずこだわってみました」

饗場しぃたん（あいばしぃたん）
饗場野原（あいばのはら）

「二つ考えたんだけど、どっちがいい？」と相談を持ちかけてきたのは、ずっと静かに考え込んでいた詩野ちゃん。「うん、どっちもカワイイ」と私。「しぃたんって、呼びやすいしカワイイから、私はこっちが好きだよ」と、きりちゃん。

芽論ぱん（めろんぱん）

「出来たよ～」と大きな声を上げたのは、棚橋由紀ちゃん。

「私、メロンパンが大好きなので、こんなのを考えた。『芽論』が名字で、『ぱん』が名前だよ」

「あっ、それってすっごくかわいい」「ぱんちゃんって呼ぶよりは、『芽論ぱん』ってフルネーム呼んだ方が、かわいい」と、メンバーの賛同が集まり、一気に決定する。

「えー…となると、由紀ちゃんが『芽論ぱん』、詩野ちゃんが『しぃたん』、山ちゃんが『ドラゴン』で決定でいいんだね？」

「はーい！」

「あれ？　これって、みんな俳号の最後に『ん』がついてる」という私の言葉で、まだ俳号が決定してないきりちゃんに、三人の視線が集まった。

「えー？　私、『ん』なんてついてないよォ」

「もう、いっそ、皆がお尻に『ん』をつけて、『ん』チームにするとかさ」と茶々を入れると、「それ面白そう！」と、子供たちから賛同の拍手が起こった。

「えーっ、例えばどういぅ名前？」

「うーん、せがわキン…とか」と、デタラメに答える。きりちゃんの困惑をよそに、子供たちは爆笑する。「わあー、それっていい」「ものすごくいいよぉ！」と、またしても無責任な賛同の嵐。「えーっ、皆ほんとぅ？　えーっ、どんな字書くんですか」と問い返されて、またいい加減に答える。

「えっ…、どんな字って…そりゃあ、金賞とかの『金』？」

子供たちのみならず、スタッフにまで爆笑の嵐が広がる。

せがわ金（せがわきん）

すっかり調子に乗ってしまった私は、「『せがわ金』がいいと思う人?!」と、多数決までとってしまう。

「はーい！」

子供たちは三人ともおおはしゃぎで手を挙げ、スタッフたちは必死で笑いを堪えている。「うーん…じゃあ今回は、皆さんに合わせて『ん』のつく俳号にしときます！」きりちゃんの破れかぶれの一言に、子供たちは大熱狂の大拍手。（きりちゃん、ゴメンネ）

「これで全員の俳号が決定しました！　これからの一年間は、お互いにこの俳号で呼び合うことになります。山元竜一クンは『ドラゴン』、棚橋由紀ちゃんは『芽論ぱん』、饗場詩野ちゃんは

『しぃたん』、せわがわきりちゃんは『金』さん…」とここまで来たら、またしても皆の爆笑。

「ちょ、ちょ、ちょっと待って。（大苦笑）それだけはダメ。せめて、キンちゃんと呼んで下さい」と、きりちゃん必死の抵抗。子供たちは、もう転げ回って笑っている。「OK、キンちゃん。（笑）じゃあ、私のことも、これからは『先生』ではなくて俳号で呼んでね。『いつきさん』って」とお願いすると、すすかさずドラゴンが聞き返してきた。

「いつきちゃんって言ってもいいの？」

「うん、それが一番気に入ってるから、よろしくね」

レッスン2　春の季語を探そう

句帖とボールペンが手に入り、最初の作品である俳号も何とか出来た。「さあ、次は季語探しに出掛けよう。この芭蕉庵の庭にも、きっとたくさんの季語があるはずだよ」という私の誘いに立ち上がった、天てれ俳句クラブの面々。新しい句帖をかかえ、ボールペンを握り、春雨の降りしきる庭に勢揃いした。

この日は、三月の初め。冷たい雨の降りしきる寒い日だったけれど、芭蕉庵の庭で、彼らはたくさんの季語と遭遇することになった。

「ほら、この桜の木の先っぽを見て。これから咲く花の芽があるよね。これは『桜《さくら》の芽《め》』という季語。桜以外でも、もう赤い芽が大きくふくらんでる木がたくさんある。こういうのをひっくるめて『芽吹《めぶ》く』っていうんだよ。それから、今日のように雨が降ってるのは『春《はる》の雨《あめ》』。そして、こんなに寒いのは『春寒《はるさむ》』

「ハルサム～、これ覚えやすい」

「今日は、寒い寒いハルサムだね」と、呪文のようにハルサムハルサムと唱えながら歩きだす一行。

庭には、椿・梅・山茱萸《さんしゅゆ》など、木の花もたくさん咲いている。今日見つけた季語を、早速句帖にメモしておこうと促しながら、庭の奥へと進む。

「今日は、こんなに寒いからちょっと実感ないけど、この庭の池の水もこれからだんだんあったかくなってくる。それを『水温《みずぬる》む』っていう季語で表わすんだよ」

「オタマジャクシは季語？」

「うん、そうだよ」

「あっ、スゴイもの発見。これカエルの卵だ」

「うわー！　ヘビみたいで気味悪い～」

「この花はなに？　ほら石畳のあいだに咲いてるの」

「これはスミレ」

「これも季語？」

「そうだよ」と、季語探しの散歩にだんだん熱中していく四人。先頭を歩いていた金ちゃんは、早くも「もう、私にぴったりの季語を見つけちゃったぁ！」と、はしゃいでいる。

少し弱くなった雨の中、近くの公園まで足を伸ばす。

「季語ってね、植物や虫だけじゃなくて、もっともっといろいろあるの。たとえば、私が今日巻いているこのショール。普通の『ショール』なら冬の季語だけど、春らしい軽やかなものに変えると『春《はる》ショール』。それから、そこにある遊具」

「えっ？　ブランコしかないよ」

「そう、その『ぶらんこ』も季語なんだよ」と言うと、彼らは心底驚く。

「エー!?　どうして？」

「そうね、一年中ぶらんこはあるんだけど、ぶらんこを揺する気分って、春の気分と似合ってるからかもね。それから、ドラゴンが手に持ってる『風船《ふうせん》』も、春の季語なんだよ」

「へえー！？」

『シャボン玉』だって『風車《かざぐるま》』だって、全部春の季語なんだよと語りながら、歳時記を取り出す。

「ここにあるのが歳時記という季語を調べるための本。季語ってたくさんあるから、全部を完璧に覚えるのは難しい。だから、この本を見ては、いちいち確かめるの」

「あっ、ほんとだ。『シャボン玉《だま》』ってでてる」と目をきらきらさせながら熱心に覗き込んでいる、しぃたん。「『白子干《しらすぼし》』も季語なんだって！　あっ、『サザエの壷焼《つぼや》き』もある」と食べ物に興味を示す、芽論ぱん。

歳時記を見てると、「あっ、これも季語、えっ、あれも季語なの？」って具合に発見の連続。

歳時記は、俳句の世界のルールブックみたいなものだから、これからはこの本を片手に俳句を作るんだよと説明する。

俳句に必要なもの

③歳時記も、俳句グッズに加えよう。

レッスン3　今日見つけた季語を使って、最初の一句を詠んでみよう。

冷たい雨の中を歩いて、少し体が冷えてきた一行。あったかい芭蕉庵の一室に戻り、やれやれと足を伸ばした。皆と出会った記念の日だから、今日見つけた季語を使って、とにかく最初の一句を作ってみようか、と提案する。彼らの新しい句帖には、一体どんな言葉が書き付けてあるのだろうか。

「それでは、記念すべき第一作を発表してもらいます。さて、だれからいくかな？」と言い終わらないうちに、絶妙のタイミングで三人が一斉に金ちゃんを指さした。

「ウワー！　なに、それ。みんなで仕組んだみたいな指のさし方。しょうがない、じゃあ、私からいきます。ウォホン」

石畳足跡さけてスミレかな　　せがわ金

「石畳足跡さけてスミレかな…」と、金ちゃんが二度目を読むと、微妙な間合いの後、慌てたような拍手が起こった。

「えっ、なになにその変な間合いは。（笑）えーこれはですねえ、お庭を歩いているときにね、スミレが咲いてたでしょ。あれを踏まないようにって思いながら歩いたのを、スミレの立場にたって、もし私がスミレだったら踏まれないように花を咲かせようと、力強く生きていこうと、そんなスミレの気持ちになりきって書いてみたのがこの句なんです」

金ちゃんの堂々たる説明にもかかわらず、スタッフの間から笑いが起こる。

「ひょっとしてさぁ、金ちゃんがさっき、私にぴったりの季語が見つかったって感激してたのは、スミレのことだったの？」

「はい、勿論」

「いや〜、何がすごいって、スミレのような自分だと思ってるところが、スゴイ一句だよなあ」

という突っ込みに、一同またまた爆笑となる。

風車くるくる回り目も回る　　山元ドラゴン

ドラゴンの、なんとも可愛いこの一句に、「はあー」という不思議なため息と拍手が起こる。

「気に入ったんだね、風車っていう季語が」

「これも季語だっていうのにびっくりしちゃったから」

「くるくる回り目も回るっていうリズムが楽しい句だね」


はるのあめくさがぐんぐんのびるかな　　饗場しぃたん

なんとなく俳句らしいリズムに「おおー」というどよめきと拍手。

「金ちゃんも、しぃたんも、いきなり『〜かな』っていう切字を使ってるのにびっくりしたんだけど」

「えっ、切字ってなんですか」

「えっ、これ切字じゃなかったの？」

「草がぐんぐん伸びるのかなあ〜？ってそんな気持ち」

「あっ、そうか。クエッションマークってことか。なーるほど。うん、切字のことはまただんだんに覚えてもらおうね」


桜の芽なんかとってもおいしそう　　芽論ぱん

読み上げたとたん、笑いと拍手が同時に起こった。

「桜の芽みておいしそうって俳句を作った人、初めて見たよ。（笑）どこがおいしそうなの？」

「なんか飴みたいじゃないですか。ぷつぷつしてて」

「へえーっ、そうか。これもまた芽論ぱんの個性だなあ。さて、ひとまず、俳号も出来たし、無事に最初の一句も出来た。これを出発点にして、一体どんな俳句が作れるようになるか、一年間楽しみに頑張っていこうね」という私の言葉に、「はーい！」と元気に手を挙げた四人であった。

新しい四人の俳句仲間に出会ったこの日、私は、彼らにこんな句をささげた。何かが始まるときの、あのワクワクした空気が、私たちをすっぽりと包んでいた。

ドラゴンのために菫《すみれ》をつみにゆく
木々《きぎ》芽吹《めぶ》く日のしいたんのハーモニカ
ふわふわとして春愁《しゅんしゅう》のメロンパン
金という女ありける弥生《やよい》かな

『取り合わせ』って何？

東京　本郷

東京は本郷の、とある旅館の中庭。庭の真ん中にある池では、鯉がのんびりとアブクを吐いている。その池をかこむかのように句作に励んでいる、天てれ俳句クラブの四人。新しい句帖を覗いてみれば、すでにこんな俳句が書き付けてある。

屋根のうえ昼寝をしたら最高だ　ドラゴン
春の鯉わたしも恋をしたいのよ　芽論ぽん

レッスン4　俳句の必殺技『取り合わせ』を覚える。

思い思いの場所で、熱心にメモしている四人に集合をかける。今日から、いよいよ本格的な技を伝授する予定なのだ。今、彼らが作っているのは、季語があって五七五になってるという最低ラインをクリアしてるだけの代物。これを少しでも作品らしいところまで引っ張りあげるための具体的な技を教えるのが、今日の目的だ。

気持ちのいいおひさまの当たる縁側に四人はちょこんと座って、今日の講義の始まりを待っている。

「さて、ここに、たくさんの写真パネルを持ってきました。ほら、これは、タンポポの咲いてる野原の写真。こっちは高層ビルの写真。どこかな、これ？」

「これは、新宿。私の生まれたとこ！」と、金ちゃんが教えてくれる。

「いつきちゃん、この古そうな部屋は？」

「これは、正岡子規さんという俳人の書斎。こっちは潮干狩り。『潮干狩り』も季語だよ」

「昼寝してるのもある」

「そう、『昼寝』も夏の季語。ね、こんなふうにいろんな写真がたくさんあります。そして、ここにもう一つ用意したのが、ドラゴン・しぃたん・芽論ぱん三人の写真。人形みたいに切り抜いてあります」

「わあー、着せ替えごっこみた〜い」

「あっ、そっちの私のお人形、貸して貸して」と、何が始まるのか全く見当もつかないまま、はしゃいでいる四人。

「今日はね、この着せ替えごっこみたいな一人一人の写真を、どの背景のパネルに置けば一番似合ってるかってことを、皆に考えてもらいたいの」と、今日の第一問を切り出す。

「その人に一番似合ってる場所を選べばいいんですか」

「その通りだよ」


「はーい、ジャン！」

最初に手を挙げたのは、金ちゃん。

「私は、正岡子規さんの勉強部屋に、芽論ぱんを寝かせました」

見れば、ナルホド子規さんの例の書斎に、ニヤリと笑う芽論ぱんの写真が寝かせてある。手には、やはり小道具として用意しておいたタンポポの花束が持たせてある。

「この貧相な寂しそうな、食べ物もなんにもないような子規さんの部屋に、芽論ぱんが一人…」

「うわー、やだよォ」

「でね、春だから庭にはタンポポが咲いてるの。お腹が空いたから、せめてタンポポでも食べちゃおうかなあって、そういう芽論ぱんの悲しい気持ちを表してみました」

金ちゃんの説明に賛成するのは、ドラゴンとしぃたん。

「とっても似合ってるよ、これ！」


「私は、ドラゴンを選びました」と次に手を挙げたのは、芽論ぱん。真っ青な夏空と、真っ青な海、そして白い砂浜に、なぜかドラゴンの写真がこれまた寝かせてある。

「ドラゴンってね、すっごい方向音痴なんです。そのドラゴンが夏の砂浜に打ち寄せられてきてるんです。一度はクジラのお腹に飲み込まれて、吐き出されて、で、流れついた島なのここは。さまよっちゃったの」

「そんな大変な事態なのに、この写真がニコニコ笑ってるのがいいね」「いかにも方向音痴的で、でも全然気にしてないみたいな、ドラゴンらしい味が出てる」と、皆の賛同を得る。

「私も出来ました」とパネルを立てた、しぃたん。満開の桜の木の下に、でっかい方の芽論ぱんの写真が、にょきっと突っ立っている。「えーっとォ、芽論ぱんはもう中学生だし、それにこの前、桜の芽を見ておいしそうとかって俳句を作ってたから、この桜の花の下にドーンと立たせてあげたら喜んでくれるかなって思いました」と、気働きのしぃたんらしいコメント。「え、それって、私が桜の花のように美しいってことじゃないの？」という芽論ぱんの突っ込みに、「…うッ」と、しぃたんの笑顔が引きつった。笑い転げるメンバーたち。

最後に「あのねあのね」と切り出してきたのは、ドラゴン。お寺の五重の塔の真ん中へんに、起立の姿勢をしたしぃたんが、宙に浮いた状態でまっすぐに立っている。

「この塔の写真にね、しぃたんが絶対似合ってると思ったの」

「どこが似合ってるの？」

「しぃたんってね、真っすぐってイメージがあるの。ピーンとしてるって感じ。だから、この塔もピーンって立ってるし、そこが似合ってるの」

ドラゴンの説明に大きくうなづくメンバーたち。

「皆、いま『似合ってる』っていうことを考えて、パネルを完成させてくれたんだけど、その似合ってるって感じでもって、俳句が作れちゃうというのが、今日覚える必殺技なの」

「俳句にも必殺技があるんだ」

「うん、この技は『取り合わせ』っていうんだよ。まずこの名前を覚えて下さい」

「はーい、取り合わせ取り合わせ」と、口々に唱える四人。すかさず句帖にメモする、しぃたん。

「よーし、それではこのホワイトボードを利用して、その技を説明するね」

春の雲
ゆっくりうごく
気持ちいい

「これは、俳句です。『春の雲』っていう季語があって、五七五のリズムになってる。でも、これは作品としてはあまりいいものではありません。はっきり言えば、下手な俳句です。特に何がマズイかというと、下五（下の五文字）がこの俳句をつまらなくしてる大きな原因。これを、『取り合わせ』の技を使って一発で面白い俳句に変えてみようというのが、今日のレッスン。では、『春の雲』という季語はちょっとこっちに置いといて、中七（真ん中の七文字）に注目して下さい」

ゆっくりうごく

「さて、ここで連想ゲーム。『ゆっくりうごく』もので、五文字のものを言って下さい」すぐに、しぃたんが「かめみたい」と答える。ホワイトボードにその答えを書く。金ちゃんもすかさず「なまけもの」を挙げる。ニヤリと笑いながら手を挙げた芽論ぱんの答え「はい、芽論ぱん！」に、皆で大笑いする。ドラゴンも負けてないぞとばかり「なめくじ」を出してきた。

「確かに、なめくじもゆっくり動くね。でも四文字なのがちょっと気になる。俳句的な言い方では、なめくじのことを『なめくじり』とも言うので、そういうふうにホワイトボードには書いておくね」

一同は「へえー」とうなづきつつも、さらに別のものを考えている目。「あっ！」と叫んで、またニヤリと笑った芽論ぱん。「カメラさん！（笑）早く動けないですよね、ここのお庭狭いから」との答えに、カメラさん、画面に手を出してＯＫサイン。

かめみたい
なまけもの
芽論ぱん
なめくじり

カメラさん
砂時計
観覧車

最後のしぃたんの「観覧車」という答えに、一同「ほおー!」と拍手。「いいねえ。面白い五文字が出てきた。じゃあ、もう一度、このホワイトボードに注目してね」

春の雲(は)ゆっくりうごく(ので)気持ちいい(です)

春の雲
ゆっくりうごく(のは)観覧車(です)

「最初に例に出した句は、こうして言葉を補っていくと、一つの文になってしまうよね。でも、『ゆっくりうごく観覧車』の方は、『春の雲』という季語と、完全に意味が切り離れている。意味がつながらない。こんなふうに、季語と残りの十二文字の意味が全く関係ないものになってるのを、『取り合わせ』の俳句って呼ぶの。一言で『取り合わせ』といってもいろんな方法があるんだけど、その中でも一番基本的なパターンに、今日は挑戦してもらいます」

『取り合わせ』の公式　その①

五文字の季語 ＋ 季語とは関係のない十二文字

『取り合わせ』のポイント

五文字の季語と、残りの十二文字とが、似合ってはいるけど離れてる。

（意味はつながってないいんだけど、なんとなく似合ってる。）

「この公式と、このポイントを頭に置いて、早速練習してみるよ。では、上五（上の五文字）におく季語は、『たんぽぽや』とします。皆は、『たんぽぽや』の下に、合体させる十二文字のフレーズを考えて下さい。いいかな？」

早速、句帖を開く四人。

「ねえ、いつきちゃん。どんな十二文字でもいいの？　デタラメに作っても？」

「どんどんデタラメに作ればいいの。『たんぽぽ』とは、全然関係ないと思うような十二文字が、案外いい作品になったりするから」と、デタラメ作戦を強く勧めると、ドラゴンは一気にブレイク！

たんぽぽやこのくつぜんぜんはいてない　　ドラゴン

まっさきに出来たのがこの一句。

「今日ね、ほんとにおニューの靴はいてきてんの。まだ汚れてない靴がね、たんぽぽの花の近くにあったら似合ってるかなと思ったんだけど、どうかな？」

たんぽぽの黄色と真っ白な靴の『取り合わせ』が、とってもナイスな一句。「快調な滑りだしだね、ドラゴン。この調子で、似合ってるかなと思ったものをどんどん取り合わせてみて」という私のリクエストに、さらにこんな二句を追加。

「カメラさんやスタッフの人たちを見てたら、ピピーンときちゃった。サンキュー！」

たんぽぽやひかる時計はうつくしい　　ドラゴン
たんぽぽやすわるといたい岩だった

「ドラゴンの、色の取り合わせっていうのがヒントになって、こんなのが出来ました」と見せてくれたのは金ちゃん。色の対比のさせ方がひとヒネリしてあるところが、さすがだ。お見事、金ちゃん！

たんぽぽや黒船入港風が吹き　　せがわ金

「こんなんでもいいの？」と遠慮がちに句帖を持ってきたのは、しぃたん。『たんぽぽ』の色彩の明るさと、その人の性格の明るさを取り合わせた、やさしい一句に仕上がった。中七の「きっと」に、かすかな屈折が感じられるのが隠し味。

たんぽぽやきっとその人あかるいな　　しぃたん

最後にキャハキャハ笑いながら披露してくれた、芽論ぱんらしいこんな一句。『たんぽぽ』の伸び伸びとした感じと、すぐにおなかが減ってしまう健康的な芽論ぱんの胃袋との取り合わせ。よし、これもひとまず合格だッ！

たんぽぽや今日もご飯がおいしいな　　芽論ぱん

吟行《ぎんこう》って楽しい・句会ってスリリング

東京　向島百花園

この日、天てれ俳句クラブの四人と共に訪れたのは、東京・向島百花園。春から夏へ季節が移り変わっていこうとする広いお庭と、ゆったりしたお座敷のある離れ。ここで吟行のワクワクと、句会のドキドキとを一気に味わってもらおうというのが、今日の計画だ。

レッスン5　吟行句会に挑戦しよう

春の終わりの太陽が、大きな池の水面にきらきらと照り返す園には、散策を楽しむ人たちが行き交っている。そんなのんびりとした園内で、ここだけ違った熱気が漂っている天てれ俳句クラブの面々。大切な句帖をかかえて、今日もやる気満々である。

「さて、今日はいよいよ句会に挑戦してもらいます。句会っていうのは、一人一人が俳句を持ち寄って、皆で選びっこをするゲーム。誰の句に一番たくさん点が入ったかとか、どの句のどんなところがよかったかなんてことを、ワイワイ議論するのが句会です。句会ってほんとにスリリングで楽しいゲームなんだけど、その句会を体験してもらうためには、まず俳句がなくっちゃできない。そこで、これからこの庭を吟行して、俳句を作るところからスタートします」

「ギンコウ？　お金をためるぅ？」とギャグを投げるのは、おなじみオチャメな芽論ぱん。

「うーん、よくあるギャグをありがと。（笑）『吟行』というのは俳句を作るために、散歩をすることです。園内を一回りして吟行が終わるころには、みんなの句帖に、俳句が最低三つは書いてあるように頑張って下さい」

「はーい！」

「それともう一つの約束。句会はゲームだから、自分の作った句を他人には絶対に見せないこと。見せちゃうとゲームが面白くなくなるから、これは必ず守ってね」と、注意事項も伝えておく。「では吟行開始！」の合図と共に、一行は遊歩道にそって歩き始めた。

ここにも、それはたくさんの季語があふれている。ユキノシタの葉っぱが風にゆれていたり、ドイツすずらんという名札を見つけてはしゃいだり。早くもベンチをテーブル代わりにして、ドラゴンが何か書き始めた。しぃたんも、池の様子をじっと見つめている。

一方、芽論ぱんと金ちゃんのペアは、絵を描いているおじさんを発見。「こんにちわ。すっごいきれいな水彩画」「うまいなあ」と見学を始めた。ここで早くも金ちゃんと芽論ぱんは、絵かきのおじさんにご挨拶の一句を捧げてみたのだが、早くあっちに行けとばかりに軽くいなされてしまった。

「ああ、メロンさんと金魚さんね。ハイ、ありがと」

絵をかくときっと食べたい春のコイ　　　芽論ぱん
絵かきさん春のあなたはうつくしい　　　せがわ金

園の中ほどまで来たところで、今の季節にしか見られない季語を発見。

「ほら、見てごらん」

「えっ、何その小さいのは？」

「これはね、桜の花びらが散ったあとに、落ちてくる『桜蘂《さくらしべ》』。ほら、ここのあたりの地面がうっすらとピンク色してるの、分かる？　こんな小さな蘂がたくさん落ちてるせいなの。これがきらきら降りしきる様子を『桜蘂降《ふ》る』という季語で表すんだよ。長い季語だから、十七文字に詠み込むのはちょっと難しいけど、素敵な季語でしょ」

「うん、カッコイイ。私、使っちゃおう」とボールペンを走らせる金ちゃん。「あっ、金ちゃん。失恋の句なんてのに、使えるかもよ」とからかうと、「私まだ失恋してませ〜ん！」と反論する金ちゃん。「これからのためにメモしときなさ〜い！」と追い打ちをかける芽論ぱん。

大きな池にかかった橋の上で、亀を見つけた。

「なんだか、哀れな泳ぎっぷりだね」

「あっ、私、もうすっごいいい句考えた。もうこれは皆がうなるようなのが出来た」と、いきなり喜び始める金ちゃん。「聞いたとたん皆が熱だして倒れちゃうみたいな傑作？」と再び突っ込む芽論ぱん。笑い転げるスタッフ。

「池の奥まったところに桜の花びらが集まってるところがあるよね。こんなふうに水面に花びらが散ってる様子を『花筏《はないかだ》』っていうの。きれいな季語でしょ」

「あっ、それも使いたい！」と、季語探しに熱中する四人の若い俳人たち。

一時間の吟行の後、一行は気持ちのよい日陰の広がる東屋に集合した。

「さあ、何句出来たかな。ドラゴンは？」

「十句できた」

「おっ、すごい。金ちゃんは？」

「私は五句」

「しぃたんはどう？」

「十句できました」

「芽論ぱんは？」

「五句！」と、カメラさんに向かって、広げた片手をアピール。「私たち、ドラゴンとしぃたんに早くも突き放されたってかんじだね」と金ちゃんのため息。

句会の手順　その①
投句《とうく》（自分の作った俳句を、短冊《たんざく》に書いて提出すること。自分の名前は書かない。）

「では、これから自分の句帖にメモした俳句の中から、ベスト三句を選んでもらいます。吟行でどんなにたくさん俳句を作っても、ここで選び損ねると句会では点が入らなかったということになる。よく考えて選んでね」

「ああ、選べないよ。全部いい」と、ドラゴンの強気な発言が飛び出す。

「ハハハ、でもとにかく選んでね。で、その三句を、いま配ったこの細長い紙に記入してもらいます。この紙のことを『短冊』と呼びます」

「一枚に一つ?」

「そう。一枚に一句ずつ書くんだけど、この時に注意するのは、短冊には自分の名前を書かないこと」

「ああ、そうか。さっきもいつきちゃん、人に見せちゃだめって言ってたもんね」

「そう、誰の俳句か分からないまま選びっこするのが面白いんだから、自分の名前はかかない。いいかな?」と、念を押す間もなく、自分の句帖と睨めっこを始めた四人。果たして、どんな俳句が出てくるのだろう。

庭園内にある離れのお座敷に場を移し、いよいよ句会の始まりである。

「さて、皆の投句が集まりました。今日は一人三句出句で、五人だから、十五句ね。では、この十五句で早速句会を始めます。手順をよく見てね」

人数分の島を作り、集められた短冊を、その島に振り分ける。これで、誰の句がどこに行ったかわからないようにシャッフルされたというわけだ。

句会の手順　その②

清記《せいき》（短冊に書いてある句を、別の紙に書き写すこと。）

それぞれの手元には、『清記用紙』という清書用の紙と、さっきシャッフルした短冊が配られている。

「これから、その短冊に書いてある俳句を、書いてある通りに清記してもらいます。ここで、人の俳句を写し間違えたりすると、一生懸命その俳句を作った作者に対して大変失礼なことになるから、十分注意して、読みやすい文字で書き写して下さい」

こうやって手分けすることで、筆跡から作者が判明してしまう事態を防ぎ、そうすることで皆が公平に選べるようになるのだと説明する。四人は緊張の面持ちで、清記にとりかかった。

句会の手順　その③

選句《せんく》（清記した紙から、自分の気に入った句を決められた数だけ選ぶ。）

「さて、いよいよ選句です。それぞれの清記用紙の中から、まずはちょっと気に入った句だけを書き抜いていきます。清記用紙は、一枚見終わるごとに右隣に座っている人に渡して下さい。清記用紙が一回りして、自分のところに返って来れば全部の句を見終わったということになります」

「な一るほど」

「気に入った俳句を書き抜いた中から、最終的に、今日は五句選んでもらいます。これが、選句の作業です。いいかな？」と見回すと、きりちゃんが「しつも一ん」と手を挙げた。

「自分の俳句を選んでもいいんですよね」

おっと、大切なルールを言い忘れていた。

「こうやって清記されて回ってくると、自分の俳句ってとってもいいように思えるのね。(笑)でも、皆が自分の俳句だけ選んでたら、このゲームは何の面白味もない。自分の俳句を一人一人が発表するのと同じになっちゃう」

「そっかぁ」

「だから、悲しいけど自分の俳句を選んじゃだめなの」

「えーっ、一個も？」

「うん」

「エエエーッ！」と、しぃたんの悲鳴が上がった。「じゃあ、ひょっとすると誰も選んでくれないってこともあるのぉ?!」と、芽論ぱんが念押しする。

「もちろん。そこが句会のスリルとサスペンスなんだよ。(笑) それでは、これから配る『選句用紙』という紙に、自分の選んだ五句と自分の俳号をきちんと書いて提出して下さい」

この日投句された十五句

亀泳ぐ道を作りて花いかだ
水面に桜の花びらういている
新宿のぴいぴい草を聞かせよう
たんぽぽがわたげになってたねとばす
春光やそっとうつむく片栗の花
ぽかぽかのドイツすずらんどいつんだ
橋の上みわたすかぎりきれいだな
くもの糸どこからともなくつづいてる
橋の上今日も私はうつくしい
大きな木ざんかになって夏になる
葉ざくらの髪どめにうつるしぃたんの
桜蘂ふるわたくしは考える
さらさらと絵筆をあらう春の雲
あたたかなはるのひざしでこいおどる
春のこいかわいい私食べられちゃう

句会の手順　その④

披講《ひこう》（選ばれた句を選んだ人の名前とともに発表すること。）

まずは披講の手順を説明する。

「これから、皆の選んだ俳句を、私が読み上げていきます。自分の俳句が読み上げられたら、すぐに自分の名前を大きな声で言って下さい。これを『名乗り』といいます。その句会で一度も自分の俳句が選ばれなかったら、一度も名乗らずに、さみしく帰るってわけです」

「ひぃえ〜！」「かなしー」「俺、なんか緊張してきちゃったよ」「どうしようー、選ばれなかったら」と、四人が口々に騒ぎだす。

「これが、厳しくも楽しい句会のルール。では、披講を始めるよ。覚悟はいい？」

「うわー、どっきドキだァ」

まずは、金ちゃんの選んだ俳句から発表する。「せがわ金、選」と言うと、なぜか金ちゃんが、シャキンと姿勢を正し、それにつられて残りの三人も正座しなおした。

あたたかな春のひざしでこいおどる

「はい、饗場しぃたん！」と、大きな声の名乗り。「ああ、しぃたんだったのかあ。俺もこの句好きだったよ」「いいなあ、しぃたん。もう選ばれて」「うわーん、ますます緊張してきた」と、いちいちウルサイ面々。

新宿のぴぃぴぃ草を聞かせよう

誰も名乗らない。座に緊張が走る。一呼吸おいてゆっくりと、「いつきッ！」と名乗りをあげる。

「えーっ⁉　これ、金ちゃんのだと思ってた」

「だって、金ちゃん新宿生まれだって言ってたし」

「えー、なんでいつきちゃんなのぉ？」

「他人のふりして作ってみるのも俳句なのさッなーんてね。はい、次ぃくよ」

春のこいかわいい私たべられちゃう

全部読み終わらないうちに、にぎやかな名乗り。

「ハイハイッ、芽論ぱ〜ん」

「よかったね、芽論ぱんもしぃたんも。私とドラゴンは、まだドキドキだよ」と金ちゃん。

次は、その芽論ぱんの選に移る。ドラゴンが、合掌して祈り始める。

亀泳ぐ道をつくりて花いかだ

「はいッ、金です。うっわー、このゲーム心臓に悪いよね。(笑)あーよかった」と、胸をなでおろす金ちゃんの傍らで、「えー！あと、オレだけかあ」と、ひたすら緊張の度合いを増していく、男ドラゴン。

くもの糸どこからともなくつづいてる

大きく息を吸い込んだかと思ったら、どデカイ声が上がった。

「山元ドラゴーン！」

「おおお！」と、スタッフからも拍手が起こる。

「よかったねえ、これで一応みんなホッとした。ここからは、誰が最高点を取るかっていう、上の争いになって参りました！」

句会のステップ　その⑤
合評《がっぴょう》(選ばれた句について、いろいろ話し合うこと。)

ハラハラドキドキの披講が終わり、句会の中では一番面白い合評が始まった。それぞれが自分の選んだ俳句について、どこが好きなのか、どんなふうに巧いと思ったのかを、ワイワイガヤガヤ議論する時間だ。

芽論ぱん・ドラゴン・しぃたん選

亀泳ぐ道をつくりて花いかだ　　せがわ金

まずは、ドラゴンが手を挙げた。

「亀が泳いでね、みんなで花びらの道を作ってるっていうのが、とっても素晴らしいから選びました」

「作るっていうのは、どういう状態で作ってるの？」

「亀がね、花びらを一つ一つ持ってくってていうか、くわえて運ぶっていうか」

「あっ、亀たちが花びらを運んでいって、花の道を自分たちが作るの？」

「うん、そうだよ」と、うなづくドラゴン。いきなり、「ウッハー！」と驚きのため息をついたのは作者の金ちゃん。「もう、その読みは作者を越えてます。私はね、花いかだの中を、亀がひょひょひょと泳いだら、そこだけ花びらが分かれて道が出来たよっていう意味で作ったんだけど、ドラゴンの読み方は、ほんとにメルヘーンで、もうびっくりしちゃった」と、感動しきり。

ドラゴン・金・いつき選

あたたかな春のひざしでこいおどる　しぃたん

またしても口火を切ったのは、ドラゴン。

「僕はね、今日見た池の様子と鯉の様子が、ほんとにこんな感じで、あったかくっておどってるって感じで、あっこれいいとピーンと思ったので選びました」

金ちゃんからはこんな意見も出てきた。

「でもさぁ、私たちぐらいの年になると、ラブの方の『こい』ね、春になって胸キュンとする恋愛の方もひっかけて読みたくなるのよね」

「うん、なるほど。春ともなれば、池の鯉もあったかい日差しの中で泳いでるし、私の恋もなんだかいい展開になってきそうだしって、そういうダブルの読みが出来るところが、この俳句の面白さだね」

いつき・しぃたん・芽論ぱん選

くもの糸どこからともなくつづいてる　ドラゴン

今日のイチオシに、私が推薦したのはこの一句。「皆は、この句どう思う？」という問いかけに、小さく手を挙げたしぃたん。

「今日、みんなで吟行してた時に、きれいな蜘蛛の糸が、ずーっと続いてるのを私も見たんだけど、それがほんとに『どこからともなく』っていう感じで続いてたので、ああいいなと思ってこれにしました」

続いて、芽論ぱんからはこんな読みも出てきた。

「私は、飛行機雲かなあと思った。ずーっと続いてるじゃないですか、あの雲も。だから、なんだかとっても大きな俳句だなあと思って」

作者のドラゴンの意見を聞いてみる。

「今日ね、俳句作らなきゃと思ってずっと見回してたら、花があったのね。それをじーっと見てたら、その花にほそいほそい蜘蛛の糸がかかってて、そいで、ずーっと続いているから、見たまんまを俳句にしたの」

「この『どこからともなく』っていうのが巧いね。十七文字の中では、蜘蛛の糸のことしか言ってないのに、その回りの光景が見えてくるような作品。でも、芽論ぱんの読みも予想外で面白かったなあ。私は、そんなこと想像もしなかったので、びっくりしたよ」

いつき選

ぽかぽかのドイツすずらんどいつんだ　　芽論ぱん

こんな愉快な句もあった。「今日ここの庭で見つけた植物の中で、『ドイツすずらん』っていう名前は面白いなあと思って、私も句帖にメモしたの。でもほら、長いじゃない、この名前。だから使うのは難しいと思ってたんだけど、『ぽかぽかのドイツすずらん』って一まとめに使ったのがお見事だなあと感心した」と、率直に誉める。「いやー、それほどでもぉ」と、胸を張る芽論ぱん。

「ところがどっこい、カナシカッタのは、下五で『どいつんだ』とダジャレに落ちていった、芽論ぱんよサヨウナラ～ぁって感じかな（笑）」

「いやー、そこがツライところでぇ（笑）」と、頭をかく芽論ぱん。

この日の句会の互選結果

選者	句	作者
芽論ぱん・ドラゴン・しぃたん	亀泳ぐ道を作りて花いかだ	金
	水面に桜の花びらういている	しぃたん
金・芽論ぱん	新宿のぴいぴい草を聞かせよう	いつき
芽論ぱん	たんぽぽがわたげになってたねとばす	ドラゴン
ドラゴン	春光にそっとうつむく片栗の花	金
いつき	ぽかぽかのドイツすずらんどいつんだ	芽論ぱん
しぃたん	橋の上みわたすかぎりきれいだな	ドラゴン

いつき・しぃたん・芽論ぱん
しぃたん
ドラゴン・いつき
いつき
ドラゴン・金
しぃたん・芽論ぱん・金
ドラゴン・金・いつき
金

くもの糸どこからともなくつづいてる
橋の上今日も私はうつくしい
大きな木ざんかになって夏になる
葉ざくらの髪どめにうつるしぃたんの
桜蘂ふるわたくしは考える
さらさらと絵筆をあらう春の雲
あたたかなはるのひざしでこいおどる
春のこいかわいい私食べられちゃう

ドラゴン
芽論ぱん
しぃたん
金
いつき
いつき
しぃたん
芽論ぱん

俳句合宿・一人一日一〇〇句に挑戦

山梨　湯ノ沢温泉

ここは、山梨県・勝沼市の葡萄畑の一角。天てれ俳句クラブの四人は、いつもの句帖を手に、ひたすら俳句作りに励んでいると思いきや、なんと葡萄を丸ごとほお張っているではないか。「おいしー」「この甘さ、サイコー！」と、手当たり次第に食べ続けている。

「こらこら、さっきから食べてばっかりじゃないの」

「私たち葡萄食べながら、心の中で俳句作ってんだもんね〜え」「食べながら真面目に吟行してんだもんね〜え」と、口だけは達者である。

「残念でした〜ァ、今日は吟行じゃありませ〜ん」

「あっ、そっか、葡萄食べる日だ」

「ちッがーう、今日は宿に閉じこもって、俳句の特訓だッ！」

「えええー!!?」

レッスン6　『一題十句』句会に挑戦しよう

山深い温泉旅館の静かな一室にこもった、天てれ俳句クラブの面々。頭には紅白のハチマキ、手にはボールペン、心には熱いファイトを抱いた四人は、心なしか緊張の面持ちで正座している。前回の吟行句会で、まだまだ『取り合わせ』の作り方が体得できてないと判断した、私と藤森ディレクターが仕組んだ強化合宿のスタートだ。

「今日は、正岡子規さんたちもこのやり方で遊んでいたという『一題十句』句会に挑戦します。一つの題を出したら、その題で十句作るというトレーニングです」

「それって、みんなで合わせて十句だよね？」

「ちがいまーす。一人が十句」

「ええーぇ!?　ブゥブゥ！」と、強烈なブーイング。

「しかも、それを繰り返す」

「ヤダーぁあああ！」と、四人揃っての悲鳴が上がる。

「これから、皆で回りばんこに題を出します。今回は、歳時記の季語の中から出題して下さい。一つの題が出たら、すぐに俳句を作り始めます。十句出来上がった人はペンを置いて下さい。何分で出来たかタイムも計ってもらいます」

「できるかなあ。十句も…」

「一人ぼっちで取り残されたら、どうしよう…」

もう逃れられないことを知った四人に、だんだんと緊張の色が濃くなってくる。

「このゲームを乗り切るために、とっても役に立つのが、このあいだ習った『取り合わせ』の技。五文字の季語に、意味の上では関係がないけれど、なんとなく似合ってると思う十二文字を合体させる方法。覚えてるかな？」

『取り合わせ』の公式　その①

五文字の季語 ＋ 季語とは関係のない十二文字

「つまり、自分が出題する時には、五文字の季語を選べば作りやすいってことだね。でも、他人を悩ませるために、わざと五文字じゃない季語を出してみるのも作戦かも（笑）」

「でもさ、他人が作りにくいってことは、自分にとっても難しいってことだよね（笑）」

「まっ、どういう作戦でいくかは、それぞれに任せるとして、さて、最初の題は私から出していい？」

「うわー、緊張してきたァ！」

「はい、私の出題はこれです」

草の花

「うわー何、これ？」と、悲鳴が上がる。

「これは秋の季語。野原や道端に咲いている秋草の花を総称して、こんなふうに言うんだよ」

「むずかしそー」

「大丈夫。『取り合わせ』の技を使うってことさえ忘れなければ、どんどん出来るから。それでは、いこう。第1ラウンド、スタート！」

子供たちばかりに作らせていたのでは、面白くない。当然のごとく、私も参加する。参加する以上は全力で戦うのが、私の流儀。スタートダッシュから、ぶっ飛ばす。

「はい、いっちょあがり！」

「いつきさん、なんと三分。」

時計係はディレクターの藤森さん。「ええーっ、もう?!」と絶句したのは、しぃたん。

「さーて、みんなが出来るまで温泉にでも入ってくるかなー（笑）」

そろそろ七分半が経過する頃、「もうみんなできるころなの？」と、しぃたんがたまりかねて、探りを入れ始めた。「あーん、できなーい…自信なくなってきた」と、弱音を吐く芽論ぱん。その時、皆の気持ちを逆なでするようにドラゴンが呟いた。

「俺、八句め」

「えっ、うそー！」と、悲鳴をあげるしぃたん。ほどなく、「はいっ、できました～あ！」と、ドラゴンの雄叫びが響いた。

「はい、ドラゴン八分四十五秒」

「いつきちゃんに、五分以上も負けてるのかぁ。次はがんばって抜かしちゃおう」

「はーい、かかってきなさ〜い」

「できた！」と突然コールしたのは、始まってからずっと口をきかなかった金ちゃん。「九分四十五秒です」の声に、大きなため息を一つ。つづいて、「でぇーきたー!! やったー！」と、絶叫したのはしぃたん。「しぃたん、十分四十五秒」の声に、思わずにっこり。

最後に「でっきたぁ」と、顔をあげたのは芽論ぱん。「芽論ぱん、十二分」の声に、カメラに向かってVサインを送る。「皆、お疲れー。初めての挑戦なのに、全員が十五分以内でクリアできたのは、上出来。さあ、それぞれの作品を一緒にみてみようか」

しんせつな人の心に草の花　　ドラゴン

「この十七文字は胸にしみるね。今日おじゃました葡萄園のお兄さんもおばさんもとってもいい方たちで、ドラゴンはしきりに、山梨県の人たちはいい人ばっかりだって言ってたけど、そんな気持ちがこの一句になったって感じ。ドラゴンとしてはどの句が一番気に入ってる？」

「やっぱ、いつきちゃんが言ってくれた『しんせつな人の心に草の花』かな。俳句を作ろうって悩んだりしなくても、なんか頭からぴーんときたって感じだった」

「そりゃあ、天才肌だね。きたきたって感じ？」

「うん、いただきました！って感じ」というドラゴンの台詞に、一同大爆笑。

あきらかに新宿生まれ草の花　　せがわ金

「金ちゃんが、新宿生まれだというのをこの間知ったんだけど、私は新宿生まれなんだという思いと、今日ここの宿に来る途中に見た草の花の小さく風に揺れる感じなんかが、微妙に触れ合ってて、好きだなあ、この句。上五の『あきらかに』っていう詠い出しも、効いてる。ビルの谷間みたいなところに、生まれてしまった草の花の困惑っていうふうな読み方も出来るね。なんだか俄然うまくなったなあ、金ちゃん」

草の花はずかしがりやのわたしです　　しぃたん

「あっ、これかわいい〜」と、金ちゃんのイチオシ。

「うん、いいねえ。取り合わせが、素直に決まってる。『草の花』の地味で可憐な感じと、恥ずかしがり屋のわたしってのが似合ってるよね。『〜です』という会話みたいな言葉の使い方も、いい味出してるなあ」

サヨウナラまた会えるよね草の花　　芽論ぱん

「これさぁ、芽論ぱんとしては、イメージチェンジの一句じゃない？」と、これまた金ちゃんオススメの一句。

「これを読むと、女子中学生としての芽論ぱんの素顔を見てるような気持ちになる。『草の花』の静かで控えめなイメージが、別れのシーンを彩ってるね」

「でもその横に『腹減るし足はしびれる草の花』っていうのがあるのが、いかにも芽論ぱんって感じ」と、金ちゃんに突っ込まれ、デヘヘヘーェと笑う芽論ぱん。

この後も、一題十句の修行は黙々と続けられた。

第一回戦　草の花
第二回戦　秋の雷
第三回戦　赤い羽根
第四回戦　運動会
第五回戦　レモン

そして、五人の、十句達成平均タイムは、こんなふうになった。

第一位　夏井いつき　三分二十秒
第二位　山元ドラゴン　七分五十九秒
第三位　饗場しぃたん　八分四十六秒
第四位　芽論ぱん　九分四十四秒

第五位　せがわ金　十一分二十二秒

「最初はすっごい緊張して、ああビリになったらどうしよう、一人ぼっちになったらどうしようって、ほんとにドキドキした」と語るのは、第五回戦を終えて、ホッと一息ついたドラゴン。

「でもさ、どうしてドラゴンって途中からあんなに書くのが早くなったの？」

「そうだよ、ドラゴンっていつもは字を書くの遅いのに」

金ちゃん・芽論ぱんペアが、ドラゴン健闘の秘密を暴きにかかった。

「えー、それはですね。やっぱり燃えてきたんでしょうね」

ドラゴンの自信満々の台詞に、思わずみんな大爆笑。

「早さを競うことも必要なんだけど、それは早いのが大切だってことじゃなくて、追い込まれた時に自分の中からとてつもない力とか発想だとかが、ドバーッと飛び出してきたりする。今回は、そういう瞬間を一人一人に味わってもらいたかったんだよ」

「うん。こういうのが、まさに火事場の底力なんだなって、自分でやりながら思った」と戦いを静かに振り返る、金ちゃん。「平均タイムでも、全員が十五分の目標タイムを悠々とクリアしてるし、作品の質も上々。『一題十句』句会は、全員に花マルの合格点を差し上げたいと思います。大変よくできましたー！」と締めくくると、スタッフからも大きな拍手が沸き起こった。

レッスン7　炎の『クリップ句会』に挑戦だ！

「やーれやれ」「終わった終わった」と、ハチマキを取ろうとした四人だが、俳句合宿と銘打っている以上、こんなヤワな合宿で終わらせるわけにはいかない。さらに追い打ちをかける。

「さて、次のメニューにいこーかな」

「えええぇぇーエエ！」

「ここまでで皆は、一人五十句作ったことになります」

「えっ、私たちもう五十句も作っちゃったの？」「すっごーい」「エッラーイ」と自画自賛の嵐が吹きやむのを待って、次の言葉を叩きつけた。

「今回の合宿の目標は、一人一〇〇句です」

「ひえー！一〇〇句ゥー？」

「そう、それでね。あとまだ半分もあると思うと、キツイ気分になるでしょ？　だから、知らないうちに燃えちゃってて、あっという間に俳句ができてるというゲームをもう一つ用意してます。否応なく、炎の俳人になってしまう句会。これでちょっとばかり句の数を稼ぎましょう。名付けて、『クリップ句会』」

準備するもの
・短冊（細長く切った紙）　一回十枚×人数分×セット回数

・クリップ　人数分　　・筆記用具　　・マッチ棒

クリップ句会の手順

①十枚の短冊をクリップで止めた束を、一人が一つ持つ。マッチ棒を、一回十本として対戦する回数分だけ持つ。

②二人が向かい合って座る。

③まず、与えられた言葉を入れて一句目を書く。（短冊の一枚目に分かりやすい文字で書く。）

④書けたら、対戦相手にその短冊の束を渡す。

⑤相手から渡された短冊に書いてある句から、一文字あるいは一言を選び、その言葉を詠み込んで次の俳句を書く。（短冊束の二枚目に書く。）

例　1枚目の短冊に書いてあった相手の句

秋の雲ゆっくり歩く土手の道

←

2枚目の短冊に書く自分の句

土曜日が好きコスモスの花が好き

（「土手の道」の「土」を使って、「土曜日」の「土」と展開。）

⑥早く書けた方が、自分のマッチ棒を一本、相手に渡せる。

⑦短冊が無くなるまでこれを繰り返す。短冊がなくなったところでゲームオーバー。

四人の前で、仮の試合をして見せる。説明を聞くとなんだか複雑そうだが、実際にやってみれば簡単な仕組みだ。ひとまずは、「お手柔らかに」「どうぞ、よろしく」と、極めて礼儀正しく始まったクリップ句会。だが、開始後一分もたたないうちに、部屋には興奮の熱気と悲鳴と歓喜とため息が渦を成し、いつもはクールな詩の女神・しぃたんが、炎の女と化し、「くやしいよきりに負けたら最悪だ」なんて俳句？を金ちゃんに投げ付け、マッチ棒をもらう度に絶叫し続けたため、ついに音声のササキさんの耳を壊してしまうというハプニングまで起こった。さすがの燃える男ドラゴンもこの勢いにはかなわず、しぃたんが持っていた全部のマッチ棒をもらってしまうはめになった。

金ちゃんと芽論ぱんの女の戦いも熾烈を極め、字が汚いの、マジックを置くのが早かったのは私だ、いやアンタじゃない、じゃあジャンケンで決めようと、戦いの様相はヒートアップ。対戦相手を代えて、二セット戦ったところで、ブレイクとなる。

「さて、皆の手にはそれぞれ自分のマッチ棒が握られてると思いますが、この句会はこれで勝負がついたわけではありません。早さの勝負はここまでだけど、ここから質の勝負が加わります」

「げえー、質ぅぅゥ〜!!」

しぃたんがまた悲鳴を上げると、音声のササキさんもまた飛び上がる。

「これから、私が、かろうじて俳句になってるかな（笑）と思う短冊を読み上げます。自分の俳句が読み上げられる度に、手に持ってるマッチ棒を三本ずつ捨てることが出来ます。夏井いつき選を読み終わったところで、自分の手元に何本マッチ棒が残っているか、これでクリップ句会の勝者が決まります」

説明を終えたら、ドラゴンがいきなり目をきらきらさせてこう言った。

「それなら俺にもチャンスあるかも」

「ドラゴンは今何本持ってるの？」

「三十一本」

そのあまりの多さに、スタッフも堪り兼ねて大笑い。

「うーん、これで逆転優勝したら、こりゃスゴイけど…まっ、とにかくやってみよう。では、クリップ句会最終審査です」

潮風を体にうけて秋を知る　　せがわ金

「あっ、アタシだあ。やったあ。いっぺんに三本もなくなるとハッピーだね」

山梨県いい人ばかりだぶどうえん　　ドラゴン

「やったー！　三本ね、バイバイ～」

風にゆれさみしがりやのぶどうかな　　　芽論ぱん

「ヤッホー、さよなら」

「やっだー、私の一句もないよ。びえ〜」と、泣くしぃたん。次々に読み上げられる俳句。握り締めたマッチ棒の行方に、かたずを飲む天てれ俳句クラブの四人。

「はい、以上で質の最終審査は終わりです。じゃあ、手元に残っているマッチ棒の数を発表してもらいます。金ちゃんは？」

「十三本」

「しぃたんは？」

「六本。ずーっと六本だよ（笑）」

「俺は二十五本」と自己申告するドラゴンに、皆の笑いが爆発する。

「芽論ぱんは、何本残ってる？」

「は〜い、な・ん・と〜四本〜！」

「うわー、すごい！」と、歓声が上がる。

「と、いうことで、このクリップ句会の勝者は、芽論ぱんに決定！」

カメラに向かって、今日二度目のVサインを送る芽論ぱん。「ねえねえ、私ってさぁ、ひょっとすると俳句のセンスあるのかもぉ〜」と喜ぶ彼女に、スタッフからも盛大な拍手が起こった。

ここまでで、一人一人が作った俳句は七十句。あとは四人の自主トレで、一〇〇句達成を目指すよう檄を飛ばす。並べて敷かれた布団の上で、ごろごろしながら俳句作りに励む四人。

小一時間の後、まずは芽論ぱんが達成。出来たとたんに布団の上にバタンキューと倒れた。デジカメ片手の藤森ディレクターの「一〇〇句作ってみてどうでしたか？」という質問に、返ってきたのはたった一言。

「疲れまぁひぃたぁ〜」

時を移さずして、しぃたんも一〇〇句達成。クリップ句会で燃えた女・しぃたんも、今はいつもの詩の女神・しぃたんにもどり、「うれしー！」と句帖を抱きしめた。壁に持たれて黙々と励んでいた金ちゃんも、ほどなく終了。「一〇〇句作り上げたこの充実感。これで私も俳人です」の一言に、しぃたんは拍手。芽論ぱんは寝返り。

そして、時間制限のあるお風呂場の都合で、先にひと風呂浴びに行ってたドラゴンは、シャンプーしたふわふわの髪をなびかせながら、一人、パジャマにての苦吟。最後の一句を書き上げた笑顔は、これまた格別。布団の上をゴロゴロしながら、「わーいわーい！」と喜んでいたかと思ったら、「あっ、カメラマンのナカイさんと枕投げする約束してたんだ」と言い残し、元気に部屋を飛び出していった。

たった一日の合宿で、こんな作品が作れるようになった四人。その素晴らしい成長ぶりに舌を巻きつつ、こりゃあ面白くなってきたぞと、深夜のワインに舌鼓を打ったこの日の私であった。

渡り鳥わたしの心の巣の中に
秋の風すこしつめたい世間です
レモンには悩みいってもいいですか

饗場しぃたん

しんせつな人の心に草の花
秋の雷あまくないわよしぃたんは
りんご色夕日に向かってバカヤロー

山元ドラゴン

いつまでも引き立て役のレモンかな
秋の雷つよがり言ってケンカした
赤い羽根空はいつでも同じ空

芽論ぱん

レコードの針が飛ぶ飛ぶ運動会
不思議な子目をみひらいて秋の雷
あきらかに新宿生まれ草の花

せがわ金

第二章　小学生はいかにして俳句と出会ったか

季語を探そう　御荘町立長月小学校

『季語当てクイズ』『取り合わせ』に挑戦　砥部町立麻生小学校

十二文字のフレーズを作ろう　内海村立家串小学校

季語を探そう

御荘町立長月小学校

松山から南下すること三時間と少し。高知県との県境まであと三十分とかからない南宇和郡御荘町。その御荘町の中心・平城から二キロほど山手に入ったところにある長月小学校は、全校生徒四十六名の小さな学校である。

当日は、これ以上気持ちのいい青にはお目にかかれないぞと思うほどの夏空。同行した南海放送テレビの取材クルーと共に、長月小学校の校門をくぐった私を迎えてくれたのは、サッカーに熱中する子供たちの歓声だった。私たちに気づいた彼らは、大きな声で口々に挨拶してくれる。

「こんにちわっ！」

中尾ワキ子校長先生が出迎えて下さる。正面の廊下には、子供たちや教員が作った俳句が、大きく掲示してある。「毎月『九』のつく日を『句の日』と決めて、子供たちと作っているのですが、難しくて頭を悩ませているばかりです」とおっしゃる校長先生。

今日の句会ライブの会場は体育館。校舎の横の通路から、小さな川にかかった小さな橋をわたっていく、可愛い箱のような体育館だ。せせらぎの音が、汗ばんだ体に心地よく響く。

子供たちはとにかく元気だ。三年生以上、三十四人は、学年ごとに配置されたテーブルに陣取っている。一体これから何が始まるのか、興味津々の様子で、こちらを見つめている子供たちに、まずは、こんなお願いをする。

「大人も子供もいっしょになって楽しむのが句会です。だから、今日は私のことは『いつきさん』って呼んで下さい。校長先生も、句会のあいだだけ『ワキ子さん』と呼ばせていただきましょう」

子供たちは、うふふふふと笑い出す。「ワキ子さん」と言っては、またうふふふふっと笑う。「いいですか？」と、子供たちを見渡すと「はいっ！いつきさん」と、近くに座っていた三年生のシオリちゃんとサヨちゃんが、小さな声で、呼んでくれた。

三月の甘納豆のうふふふふ　　坪内稔典

ホワイトボードに、こんな句を書いていく。子供たちは口々に読み始める。下五までくると「うふふふふ?!」と、あちらこちらで笑いが起こる。

「いつも皆が作っている俳句とは、ずいぶん感じが違っているけど、でもキチンと季語は入っているし、五七五だし、これも立派な俳句です」

「『甘納豆』って、あのネバネバしとるやつ？」

「ううん、それはただの納豆だよ」

「『うふふふ』が変やねえ」

「意味もようわからん」

「でも楽しそう」と、これまた口々に。

「今日は、皆に甘納豆のプレゼント買ってきたんだよ。ワキ子さんにお許しをいただいて、甘納豆を食べるお勉強をしましょう」

「わあーっ！」

一粒ずつ食べたあと、聞いてみる。

「うふふふの意味わかった？」

「甘くてうれしくなって、うふふふって思ったんだと思います」

「ボク、甘納豆好きやないけん、ちっちゃいの食べた」

「じゃあ、甘納豆の代わりに、自分の口がうふふふって喜びそうな好きな食べ物を入れてみようよ」

元気な三年生はすぐに、手が上がる。

「三月のスイカとメロンうふふふ」

「三月のお赤飯のうふふふ」

「三月の桃のうふふふ」

どんどん好きなものが出てくる。

「皆がたくさん考えてくれたけど、でも、口に出して言ってみると、言いやすいのと言いにくいのとがあるよね。それはどうして？」

「まんなかが七文字になってる方が、リズムがよくて言いやすい」

「じゃあ、今度は皆で七文字になる食べ物を探してよ」

少し間をおいて「ハイッ！」と元気な返事。これまた三年生の女の子。

「三月のショートケーキのうふふふふ」

「いつきさん、僕もできたッ！」と今度は五年生の男の子。

「三月のパイナップルのうふふふふ」

「うん、二人ともお見事！　実はね、私が好きなものも七文字なんだけど、なんだと思う？当ててみて」

「食べ物？　飲み物？」と、すかさず質問が飛ぶ。六年生のアヤちゃんからも鋭い質問。

「子供も飲めますか」

「飲めませ〜ん」

「わかったッ、甘酒」

「それ四文字やが」

いろんな答えが上がってくるが、正解は出ない。もうこれ以上思いつく答えがなくて、ちょっとした沈黙が広がった時、一番前の列に座っていた四年生のユウくんがぽつりと言った。

「スーパードライ？」

「ユウ君、大当たり！」

子供たちも先生たちも拍手と大笑い。

そんなこんなで座がにぎわったところで、早速今日のメインテーマ『取り合わせ』の勉強に入る。まずは例句を一つ。

夕焼や弟のまたすねている　夏井いつき

「今日みんなに挑戦してもらいたいのは、『取り合わせ』という技です。『取り合わせ』にもいろんなやり方があるのですが、今日は、この句のように、上の五文字のところに季語を置きます。そのあとに、季語とは関係ないんだけど、季語とくっつけるとなんとなく感じがいいなあと思う十二文字を入れて下さい」

『取り合わせ』のコツを簡単にレクチャーする。（第一章『テレビ戦士はいかにして俳句と出会ったか』**26**頁参照）

「ではこれから、皆と『季語探し』の吟行にでかけます。これは季語かな？と思ったものを見つけたら、手を挙げて教えてね」

靴を履いた子供たちは、早くも玄関でワイワイ待っている。手には下敷きと、いつも使っているという俳句カード。五七五の言葉の数だけ丸が書いてあって、そこに一字ずつ入れ込んでいけばいいようになっている。

「まず最初に私が見つけた季語は、こちら。ワキ子さんに注目して下さい」

校長先生のワキ子さんは、可愛い花柄のワンピースに帽子のいでたち。

「ワキ子さんのなかに季語があるの？」

「うーん、帽子かなあ」

「そう、この涼しそうな帽子は『夏帽子《なつぼうし》』という季語だよ。俳句カードの裏側に、見つけた季語をメモしようね」


夏帽子ひまわり大きくなってきた　三年　森本　涼

あとの句会ライブで、この句を選んだ三年生の男の子の言葉。

「ワキ子さんの帽子が、可愛かったし、そこに大きくなってきたヒマワリもあって、どっちも可愛かったんだと思います」

職員室の窓の下には、サルビアの花。

「『サルビア』も季語だよ。季語と一緒に、何か発見したこともメモしておこうね。季語と取り合わせる、残りの十二文字を見つけておくと、あとがラクチンだよ」


サルビアやしょくいんしつに先生が　三年　林江利奈

誰かが、大声で質問している。

「いつきさん、アリは季語?!」

「そうだよ。ここにいるちっちゃなカエルも『青蛙《あおがえる》』という季語」

「クモは違うよね？」

「『蜘蛛《くも》』も立派な季語だよ」


ヒマワリやクモがとおってアリもゆく　　三年　市川啓介

あとの句会でも票を集めた、隣のトトロのテーマソングでも聞こえてきそうな一句。

「ヒマワリも元気に咲いて、クモも通って、そのあとからアリンコまでやってきて、みんなとっても元気なところが大好きです」

一同を引き連れて、木陰に入る。子供たちのメモには、すでにかなりの季語が書き込まれている。

「この木陰もね、ちょっと難しい字だけど、『緑陰《りょくいん》』という季語なんだよ。そして、その木陰を作っているのが『夏木立《なつこだち》』。その上に広がっているのが『夏空《なつぞら》』。そこには『夏雲《なつぐも》』も浮かんでいます。今日は、ほんとにきれいな青空だね」


青空やそのなかにいるしんやくん　　三年　竹平　航

「ワタル君は、夏の青空の下にいる四年生のシンヤ君を、こう詠みたかったのね」

「ハイッ！」

「ワタル君は、シンヤ君のことが好きですか？」

「うーん…」と首をヒネル。

「ワタル君は、シンヤ君にあこがれているんですか？」

「ハイッ！」

「ワタル君も夏の青空の似合う上級生になって下さい」

「ハイッ！」

夏雲や遊具であそぶ子供たち　六年　野本晶子

夏の空元気に走る子供かな　六年　新恵愛美

「ここにある遊具の中にも季語があるんだよ。どれだか分かる？」

「ジャングルジムかな？」

「ウンテイかも？」

「実はね、『ブランコ』が春の季語。ゆらゆらゆらす感じが、なんだか春っぽいよね。また春になったらこの季語も使ってみてね」

こうして歩いてみると、学校は季語の宝庫。花壇には、『向日葵《ひまわり》』がすくすくと背丈を伸ばしており、早咲きの『コスモス』はもう花をつけている。かと思えば、その隣に咲き残っているのは色とりどりの『パンジー』や『日々草《にちにちそう》』。花壇の向こうには、『トマト・茄子《なす》・とうもろこし』が実り、そのかなたに広がる『青田《あおた》』を、爽快な風がぐんぐん走っていく。

パンジーや目の前にある丸太いす　三年　大本紗代
パンジーや空にはひとつも雲がない　六年　橋本茂喜

目の回りだけが日焼けしてないパンダ状態のシゲキ君の一句。句会ライブが終わった後、子供たちの水泳練習を見学していたとき、その謎が解けた。「空にはひとつも雲がない」と詠んだ彼の真実を明かしてくれたのは、水泳指導をしていた赤木先生・タカヒロさんだった。
「シゲキ君は背泳の選手なんです。彼だけは、いつも空を見て泳いでるんです」

ひまわりや犬が昼寝をしていたよ　四年　尾崎有依
夏空やゆっくりあるく気持ちよく　三年　上埜友也
夏雲やその下およぐぼくたちは　四年　楠本真也

学校の隣がお家だというユイちゃんは、自分ちの犬を題材にこんな『取り合わせ』の句を作っていた。トモヤ君は歩くことそのものを、存分に楽しんだ作品。そして、ワタル君のあこがれの人・シンヤ君の一句も。

プールまで足を伸ばす。真っ青なプールの水面を見ているだけで、涼しい気持ちになっていく。『プール』は、もちろん夏の季語。当然、『水着《みずぎ》』もそうね。こんなまぶしいとつい『サングラス』なんかかけたくなるけど、これも季語だよ」

そんな説明を重ねているうちに、子供たちは連想の翼を広げ、さまざまな句をひねっていたようだ。ユリちゃんの一句は、ここのところ毎日続いている水泳練習のひとこま。

サングラス父さんのふくはでだった　三年　竹平ひとみ
サングラスいろに変わってしまう蝶　六年　増田　圭
サンダルや空の雲みてわらってる　五年　平田治太
夏の空いつもと同じ練習だ　五年　大本有里

「そろそろお気に入りの季語は決まったかな？」

「は〜い！」という返事に交じって「まだぁ〜」と、六年生のフミヒロ君。そのフミヒロ君がこんなことを発見？した。

「あっ、カメラマンさんが土足でプールに入っとる。僕らが土足で入ったら、先生に怒られるのに」

「ほら、それを俳句にすればいいんだよ」

そんな私の誘い水を、すらりと一句に詠んだフミヒロ君。この日、堂々三位入賞を果たす。

夏雲やプールに土足カメラマン　　六年　中野文裕

表彰式で、元気にこの句を読み上げるフミヒロ君を映していた南海放送のカメラマンさんは、映し終えたとたん、クルッと子供たちの方を向き「皆さん、ごめんなさい」と謝った。そんなカメラマンさんに、再び大きな拍手の波。

子供たちがこの日、自分たちで選びあったベスト3は、以下のような結果となった。さきほどの『プール』の句と同点で、三位を分け合ったのが、たった一人四年生で入賞したタクヤ君の作品。

ヒマワリやたいようめがけてのびてゆく　　四年　青木卓也

第二位は、リーダー格・タカ君の作品。体育館のそばを流れる小さな川と、この日のみんなの笑顔を詠みたかったのだそうだ。

夏の雲すずしき川へのえがおあり　　六年　森本誉章

そして、今日の句会ライブで、ダントツの第一位に輝いたのが、やはり六年生のヒロ君の作品。

夏木立長月っ子がわらってる　六年　徳永裕史

句会ライブの三日後、早くも子供たちからの手紙が送られてきた。

◆わたしは、句会がたのしかったです！　はいくがえらばれなかったから、くやしかったです。でもこんなことをしたのは、はじめてです。おにいちゃんと、にた俳句をつくっていて、ふしぎでした。（三年　上村かな子）

◆おもしろい俳句をおしえてくれて、ありがとうございました。いつきさんがしょうかいした俳句、わすれていません。わたしは、いつきさんの俳句をおもいうかべてつくります。（三年　楠本ゆきよ）

◆きのう、いっしょに俳句ができて楽しかったです。わたしの俳句をきいて、みんなわらってい ました。わたしは、俳句がたのしくって好きです。（三年　竹平ひとみ）

◆はいく教室は楽しかったです。「とりあわせ」の方ほうは、すごくやりやすかったです。五分で三句もできたので、すごくやりやすかったです。つぎもたのしみです。（三年　竹平航）

◆句会をしたことがなかってわからなかったんだけど、とても楽しいことがわかって、とても楽しかったです。またやりたいです。また来て下さい。（四年　青木卓也）

◆句会がおもしろかった。ぼくはしょうじょうがとれてよかった。あの俳句は、ぼくはでたらめにかいたので、おもしろかったです。（四年　楠本真也）

◆俳句のかんたんな作り方を教えてくださってありがとう。いままでくろうしていた俳句づくりが、たのしくなりました。（五年　桑原利佳）

◆句会ライブおもしろかったです。でもちょっと残念でした。ぼくの俳句に、一人しか手をあげていなかったからです。（六年　植島清貴）

◆ぼくは、俳句を書くのはとく意ではなかったんだけど、いつきさんのおかげで、俳句をすこしはじょうずになったと思います。俳句の勉強は、とても楽しかったです。（六年　増田圭）

◆俳句を作るのは「むずかしい」と思っていましたが、いつきさんがいろんな俳句を作るアドバイスをしてくれて、すごかったです。俳句というのは楽しいこと、ということがわかりました。さっそくまた一句作ってみました。「夏の空笑顔まぶしい全校生」　どうですか？（六年　緒方智真）

◆はじめは、何を季語にすればいいかと迷っていたけど、カメラマンがプールの入り口らへんに土足で入ってくれたので、俳句をかんたんに考えられました。「今月の俳句」にも、いつも悩んでたけど、かんたんに書いていきたいです。（六年　中野文裕）

そして、校長先生のワキ子さんからも、こんなお便りをいただいた。

◆（略）今朝、職員室にきた六年生の文裕君に「昨日の句会ライブのこと、お母さんに話したの？　これからは、俳句づくりに頭なやまさんでもよくなったねえ」と言ったら、「ハイッ！」と元気のよい返事。七月の『句の日』が楽しみと、職員朝礼でも話したことです。職員も昨日の午後の半日は、とても充実した感じだったと話しています。

みんなが一位に推した「夏木立長月っ子がわらってる」は、平凡なようですが、私も高く手を上げました。子供たちへの長月小学校の教育目標は「やる気いっぱい笑顔いっぱい花いっぱい」の学校にしましょう。笑顔いっぱいの長月っ子を、子供たち自身が認めているようで、私は一人、うふふふふっと喜んでいたのであります。

（俳句新聞『子規新報』1997年7月号掲載）

『季語当てクイズ』『取り合わせ』に挑戦

砥部町立麻生小学校

一九九九年秋に宇和島市で行われた愛媛県校長会のシンポジウムで、「俳句を国語科の枠に閉じ込めず、コミュニケーション能力を育成する総合的な学習の一単元として考えて欲しい」という主旨の提言をした。伊予郡砥部町麻生小学校は、その呼びかけに機敏に反応して下さった学校の一つだ。「自分の気持ちを言葉にできず、すぐに手が出てしまう子供たちが増える傾向を心配しています。自分の言葉で的確にコミュニケーションできる指導の必要性をひしひしと感じているんです」とおっしゃる校長先生の言葉は、まさに我が意を得たり。一も二もなく『句会ライブIN麻生小』の授業を、お引き受けした。

第一部　季語当てクイズに挑戦

広い体育館には、一年生から六年生まで五百数十人が勢揃いしている。こんなふうに全校児童を対象とする二時間半に及ぶ授業が果たして成立するのかという疑問は、現場の先生方から必ず出てくる声だ。むろん一句を深く鑑賞するという類いの授業であれば、クラス単位が効果的であるのは言うまでもないが、『句会ライブ』と名付けたこの授業の目的は少し違うのだ。

①　俳句に対する固定観念を崩す。
②　言葉の楽しさを味わわせる。
③　座の楽しさ、つまりコミュニケーションの楽しさを体験させる。

私が句会ライブを通して、子供たちに何を手渡そうとしているかというと、この三点。俳句の持つゲーム性は、まさにこの目的にぴったりの教材なのだ。勿論、この目的を実現させる過程で、素晴らしい作品が生まれたときの喜びはいうまでもないし、さらにこの授業を通してこの詩型と真剣に取り組もうとする子が出現でもしようものなら、これこそ望外の喜びであると言わなくてはいけない。

さて、麻生小学校に話をもどそう。校長先生のお話では、子供たちは最近になって少しずつ俳句を作り始めたものの、特にこれといった実作指導をしているわけではないとのこと。さらに、出来れば年間を通じて継続的に句会ライブを実施したいとのこと。ならば、まずは①の「俳句に対する固定観念を崩す」という部分からのスタートでいいだろう。初対面の子供たちと私とのコミュニケーションを成立させ、さらに「俳句ってこんなに楽しいんだ」と実感させることが最初の仕事だ。それには、こんな季語当てクイズが大きな力を発揮してくれる。

水枕がばりと□□□海がある

大きな短冊にかかれた、こんな俳句。張り出されたとたん、体育館にざわめきが広がった。口々に読み始める子もいれば、「ガバリガバリ」と笑い出す子もいる。まずは、私が大きな声で読む。子供たちはシーンと静まりかえって、次の言葉を待っている。

「みんな、水枕って知ってる?」と聞くと、大多数の子供たちが「知ってる、使ったことある」と答える。さあ、ここからが問題だよと制すると、一同またシーンと静まる。「この□□□の三文字には、季語が入ります。この季語を、ズバリ当てた人が今日のチャンピオンです」と言い終わらないうちに、早くも手が挙がり始めた。

「全校児童の前で発言できる子がどれほどいるか…」という先生方の心配はどこへやら。子供たちは我先に発言をさせてくれと手を振る。この日、マイク係の先生がどれだけ体育館の中を走り回り、どれほどの汗をかいたことか。

水枕がばりと夏の海がある
水の
割れて

冬の
かんで
桜の
青い
初夏の
春の
真夏の
裂けて
白い
部屋に
暗い
飲んで
朝の

子供たちの発想はまさに自在だ。たちどころに様々な意見が飛び出してくる。自分も発言したいんだと、手を挙げ手を振り続けている子供たちがまだまだいるが、ひとまずここで口をはさむ。

「とっても素敵なのとか、カッコイイのとかたくさん出てきたねえ。『水枕がばりと白い海がある』や『水枕がばりと裂けて海がある』はすごく迫力があるし、『水枕がばりと暗い海がある』は病気の時の沈んだ気持ちも表れてて、私、拍手を送りたくなっちゃったよ。うーん…でもね、悲しいお知らせがあるの」

エーッ!?という声があがる。

「この俳句を作ったのは、西東三鬼さんというおじさんなんだけど、この人の作った俳句の三文字をズバリと当てた人は、まだ出ていません」

アア〜アという大きなため息が広がる。

にっぽんは葉っぱがないと□□□んだ

次の短冊を掲げると、体育館中に笑いが広がった。

「ヒントです。この俳句にも全く同じ三文字の言葉が入ります。もちろん季語です」

またしても言い終わらないうちに、「ハイハイハイッ！」と元気な声があがった。

「にっぽんは葉っぱがないとハゲなんだ！」

子供たちは喜んで爆笑する。

「いきなり、スゴイのがきたなあ。(笑) 最初の水枕の句に入れてみるよ。『水枕がばりとハゲな海がある』(一同爆笑) どうも、これは違ってるみたいだよなあ」
四、五年生あたりの席から、こんな意見も出てきた。
『にっぽんは葉っぱがないと枯れるんだ』じゃないかと思います。葉っぱが枯れるっていうのは、なんかそのまんまなんだけど、最初の句に当てはめてみると、『水枕がばりと枯れる海がある』になって、とってもシブくてカッコイイ表現になってると思います」

にっぽんは葉っぱがないとハゲなんだ

枯れる
暑い
寒い
さびしい
だめな
くさい
死んだ
凍る

二つの俳句にうまく当てはまる言葉となると、選択肢がぐっと狭まる。子供たちは、知っている言葉を頭の中で巡らせながら、一生懸命正解に迫ろうとする。「はい、それではここまでにしよう」というと、エーッもっと言いたかったのにという大きなため息が起こる。

「実をいうと今度は正解が入っています。(一同ワアーッという歓声と拍手)さて、ここでチェックをしておきたいんだけど、最初にこの□□□の三文字には季語が入るんだよって説明したね。

皆が考えてくれた答えの中には、残念ながら季語ではないものも入ってる。どれだと思う？」

「にっぽんは葉っぱがないとハゲるんだ！は、季語じゃないと思います」

拍手と笑いが渦巻く。提案した本人もゲラゲラ笑っている。

「そうだね、じゃあ、まずこれは外しておこう」

他にはないかなと意見を求める。すると、口々に「枯れる！」と騒ぎだす声。

「なるほど、『枯れる』が季語じゃないと思う人は拍手して下さい」

全体の七割ほどの子供たちから自信満々の拍手が起こった。

「うーん、残念でした。冬になると草花や木々のほとんどは枯れるので、これは冬の季語なんだよ」

ヘエー!?というざわめきが広がる。

高学年からこんな意見も出てきた。

「残っている中の『さびしい・だめな・くさい・死んだ』も季節を表してはいないので、季語からは外れるんじゃないかと思います」

「お見事。となると『暑い・寒い・枯れる・凍る』、この四つのどれかが正解だということになるね」

水枕がばりと暑い海がある
にっぽんは葉っぱがないと暑いんだ

水枕がばりと寒い海がある
にっぽんは葉っぱがないと寒いんだ
水枕がばりと枯れる海がある
にっぽんは葉っぱないと枯れるんだ

水枕がばりと凍る海がある
にっぽんは葉っぱないと凍るんだ

もう一度、ここに上がった□□□に入る三文字が、『二つの俳句に当てはまること・季語であること』の条件を満たしていることを確認する。

「では、この四つの中から正解だと思うものを一つ決めて下さい。…いい？決まりましたか。では、『暑い』が正解だと思う人、その場で立って下さい」

五分の一ぐらいの子供たちが立ち上がった。

「『海』っていう言葉からは、夏が思い浮かんだからです」

「水枕で熱をさます時に、だんだん水枕が熱くなっていくので、そういうふうに表現したんだと思います」

質問も飛び出してくる。

「水枕の方は、今の説明で分かったんだけど、もう一つの方は、どうして葉っぱがないと暑いんですか？」

「はい、木陰は涼しいけど、葉っぱがないと太陽がそのまま当たるから暑いっていう意味です」

暑いを支持している子供たちから、拍手が起こる。

次は、『寒い』を支持している意見。さらに人数が少ない。

「僕は、とにかく寒そうだからこれにしました」

「葉っぱがないと寒いっていうのは、冬になって山とか見てると寒そうだなあって気持ちがするので、これを選びました」

「えっとー、なんか海で泳いだら寒いからです」

一年生の男の子の元気な発言に、優しい笑いが広がる。

『枯れる』を支持したのは四、五年生くらいの男の子が一人。

「あのね、葉っぱの方はそのまんまなんだけど、水枕の方は、熱が高くなってくると、なんか生ぬるくなってくるでしょ、水枕の中の水が。それをね、生ぬるいって言わないで『枯れた』っていってるところが、作者のおじさんが工夫したところなんだと思う」

子供たちから、ほほーっという感嘆の声と拍手が起こる。

最後『凍る』には、半数以上の子供たちが、待ってましたとばかりに立ち上がった。

「水枕は氷を入れるものだから、これしかありません」

「『がばり』というのは、水の中で氷が動く感じの音だと思うからです」

「私が水枕をする時、うちのお母さんは氷をたくさん入れるので、ゴツゴツして痛いってイメージがあるのでこれにしました」

「葉っぱの方は、葉っぱがあるから明るく感じられるんで、葉っぱがなくなったら寂しく感じられて、それを作者は『凍る』と表現したかったんだと思います」

最後を締めくくった六年生らしき女の子の意見に、支持者たちから大きな拍手。最前列の一年生の中には、ソウダソウダと跳びはねている子もいる。

「皆の説明が見事だね。こんなたくさんのお友達の前で、こんなふうにきちんと話ができるって、とってもカッコイイ。私、感心しちゃって、もうどれも正解なんじゃないかって思い始めたくらい。（一同拍手）でもね、この『水枕』の俳句を作った西東三鬼さんは、ある言葉をここにいれてるのね。一体、どの言葉だろうねえ？」

水枕がばりと寒い海がある　　西東三鬼
にっぽんは葉っぱがないと寒いんだ　　藤後左右

正解を張り出したとたん、エエーッ！という悲鳴とワアーッ！という歓声とが交錯する。

『寒い』を支持した人たち、もう一度立ってくれますか？　はい、今日の季語当てクイズの正解者はこの人たち。拍手で、オメデトウの気持ちを伝えましょう（一同拍手）」

第二部　『取り合わせ』のチャンピオンを決めよう！

さて、ここからが本番だ。『取り合わせ』の俳句の作り方を簡単にレクチャーする。（本書26頁参照）さらに、即興で作ってみせる。その場で、目の前にあるものを例にとって詠んでみせるのは、予想以上の効果がある。

「季語『春の雲』を使って実際に私がやってみるね。えーっとね…二番目の列に座っている髪止めしてる女の子、そう、あなた、立ってくれますか？…『春の雲きらきらひかる髪かざり』なんていかが？　春の雲も可愛い髪かざりもきらきらしてるって感じね。もう一句いこうか。『春の雲先生ネクタイ曲がってる』あらら、ネクタイ締めてる先生たちが一斉に自分のネクタイに手をやって確かめてらっしゃいましたが（笑）『春の雲先生ネクタイ曲がってる』というと、なんだか遅刻しかけた先生がネクタイ直しながら駆けてきたって感じしない？　春の雲もニコニコ見てる。ねっ」と、こんな具合である。

「では、一斉に作ってみよう」と掛け声をかける。時間は五分間だ。「エーッ!?　五分」と大声が上がるが、実はこの短さがポイント。短い時間で、パズルのように言葉を合わせる方法は、『取り合わせ』のトレーニングとしては効果絶大だ。時間があればあるほど、子供たちの意識は季語の方に引き寄せられてしまい、『春の雲ふわふわうかんできれいだな』というような、季語を説明したに過ぎない作品を作ってしまう。「短すぎて考えてる暇なんてないよォ。デタラメに作っちゃおう！」という思いきりと勢いを誘い出すのが、五分間という時間の効果。この「デタラメに」という気持ちこそが、《取り合わせ》の意外性に直結するのだ。

子供たちは、自分が座っている椅子を机代わりにしたり、床にねそべったり、思い思いのスタイルで俳句を作り始める。出来た句は即座に先生方が回収。五分間を待つまでもなく、私の机には山のような短冊が集まってきた。五分間終了の合図をし、しばらくのトイレ休憩を告げる。その間に、私は予選通過先着十二句を選びだす。先生方が、それらの句を大型短冊に清書して下さる。ここまでの準備が終われば、いよいよ今日のメインイベント『《取り合わせ》のチャンピオンを決めよう』の始まり始まりだ。

春の雲のんびりねむるよく食べる
春の雲ペットがテコテコうごいてる
春の雲のんびりしてるアヒルさん
春の雲ゆったり動くねっききゅう
春の雲まったり歩くのろのろと
春の雲おじさんメガネずれている
春の雲うとうとしちゃう授業中
春の雲のんびりしてたら遅刻した

春の雲ばあさんぐっすりねていたよ
春の雲のどかに今日がすぎてゆく
春の雲ピーピー草がわらってる
春の雲私のこころは反比例

さっそく全校児童による合評会が始まる。マイク係の先生は、あいかわらず体育館中を駆け回っている。まずは、こんな句が話題に。

「『春の雲のんびりねむるよく食べる』が、ウチのねーちゃんみたいでいいです」と、口を開いたのは低学年の女の子。笑いが広がる。

「私もこの句が好き。なんか自由でいい感じ」

「全体が、のんびりしてるところがいいです。僕も、ボーッとしてるって、お母さんや先生に言われるから、自分のことを俳句にしてもらったような気がしました」

「僕は、『春の雲ゆったり動くねっききゅう』です。さっき、いつきさんが説明に使った『春の雲ゆっくり動く観覧車』（本書32頁参照）と似てるけど、『ゆっくりうごく』と『ゆったりうごく』はビミョーに違ってます。『ねっききゅう』は、やっぱり『ゆったり』だと思います」

「『春の雲おじさんメガネずれている』がいいです。ずーっとのんびりしていて、もうメガネがずりずりって落ちてしまうくらいのんびりしてるオジサンの様子が、浮かんでくるからです」

どんなオジサンを想像してるのか、具体的に聞いてみる。

「ボケーッとしてるオジサン」

「日曜日とかに、うちの近くの公園のベンチによく来るオジサン」

「学校にいる先生」と、いう意見も飛び出した。子供たちが一斉に笑い出す。

「おっ、誰なのかな？　どの先生が『春の雲』のオジサン風なの？」

「あのね、教頭先生」

子供たちは一斉に教頭先生の方を振り向く。笑いと大拍手が起こる。

「へえー、教頭先生って、春の雲みたいにやさしいんだ」

「うん。でね、メガネがいっつもずれてそーなの」

一同さらに大爆笑。優しそうな教頭先生は、頭をかきかき笑ってらっしゃる。

「『春の雲のんびりしてたら遅刻した』です。春の雲っていつものんびりしてるかんじだし、遅刻っていうのものんびりしててうっかりやってしまうものだから、そこが二つの似合ってるとこだと思いました」

季語のイメージと残りの十二文字のイメージを比較して話してくれると分かりやすいと誉めると、次の子供たちもそのような発言を心掛けるようになる。

「朝のんびりしてたら、遅刻しそうになったことがあって、僕も全くおんなじだと思ったので好きになりました。『春の雲』は一年中の雲の中で、一番のんびり屋さんだから、そこが似合ってるところです」

「僕はね、なんか、春の雲見ててウトウトってしてて遅刻したんだと思う」という意見も飛び出す。

「あっ、君の場合は『春の雲』を見てただけじゃなくて、うっかり寝ちゃってたのね、なーるほど。俳句を選ぶ時って、自分も同じ経験があったりすると思わず選びたくなる。あっ、私と同じ！って思うだけで、うれしくなるんだよね」


「私は、『春の雲のどかに今日がすぎてゆく』が気に入ってます。特に、『のどかに今日が』のところが好きです。まっさおな空に白い雲がのどかにゆっくりと過ぎていくし、今日っていう一日ものどかにすぎていくし、その二つのことが合わさっているのがこの句のいいところだと思います。野原の上とかそんな場所にいるみたい」


「『春の雲私のこころは反比例』がいいと思います。春の雲はゆったりしているのに、私の心は忙しくてたまらないって意味だと思います」

「反比例っていうのは、二倍したら二分の一になってしまうことで、『春の雲』ののんびりさが二倍になったら、『私の心』はその分だけ忙しくなるんです。だから、全く逆のことになってしまうところが、上手だと思いました」

「『春の雲ピーピー草もわらってる』がいいです。なんかすごい春ってかんじがするからです。『わらってる』っていうのが、きっと春の感じなんだと思います」

「私は『春の雲ばあさんぐっすりねていたよ』です。私のおばあちゃんは、私が一生懸命話していたら、知らないまにぐっすり寝ていたことがあって、それにぴったりだったので好きになりました。『春の雲』も眠そうな雲です」

「おばあさん、とか、ばあちゃんとかでなくて、『ばあさん』っていう言い方が昔話みたいで、そこが僕は気に入りました」

句会ライブでの互選は、挙手か拍手で決定する。「拍手で決めよう」と子供たちに告げると、ハーイと大きな声が返ってきた。最前列の一年生たちは「もう決めてる！」「決めた決めた！」と、また跳びはねだした。そんな大騒動の互選を終え、みごと入賞に輝いたのは次の四句。次はいよいよ、待ちに待った作者の登場だ。

春の雲ばあさんぐっすりねていたよ

「まずは、第四位のこの句から。ぐっすりねているおばあちゃんを見てた人、どなたですか。作者は、立って下さい」

誰も立たない。一同キョロキョロする。

「…あれ？　誰かなあ、自分の作った句忘れちゃった？」

先生が短冊の名前を確認して下さる。

「作者の名前が分かりました。三年三組ヤノ君。君だよ、どこに座ってる？…　あっ、いたいた」

ヤノ君、あれあれって感じの笑顔で舞台の上に登場。ベスト４に入った感想は？という質問に、これ以上の笑顔はないっていうくらいの笑顔で答えてくれた。

「うれしいです。みんなが言うの聞いてて、うんうんそうそう、そのとおりとかって思って、うれしかったです」

「おばあさんの眠ってる場面の空気もあったかいし、春の雲もあったかいし、なんだかとっても優しい句。それに、こんなにうれしそうに、ずっとニコニコしてくれてると私までうれしくなっちゃう。はい、もう一度ヤノ君に拍手！」

春の雲おじさんメガネずれている

続いては、第三位。今度は、おじさんネタの一句だ。

「さあ、メガネのずれたおじさんをみつけた人、どなたですか!?…ん？　この作者も自分が作った句を忘れちゃったかな」

先生が再び作者の短冊を確認して下さる。

「えっ、この作者も三年生なんだって。えーっと…ナカタヒロちゃん。はい、あなただよ」

傍らでニコニコしていたヤノ君が、僕と同じクラスの子だよと教えてくれる。

「ねえ、ヒロちゃん。このおじさんは、誰かモデルがいるの？」

「誰っていう感じじゃなくて、麻生小学校の男の先生って、みんなメガネがずれてる感じする」

ヒロちゃんの言葉に体育館中が笑いの渦となる。

春の雲のんびりしてたら遅刻した

最後は、同率一位と認定されたグランプリ二句の登場。

「どっちもずいぶんノンビリ屋さんみたいな二句だけど、まずは、のんびりしてたら遅刻しちゃった人、あなたがグランプリです。出て来て下さい！」

今度は作者がパッと立ち上がった。

「六年生のコウノさんね。よく遅刻しちゃう？」

「はーい、します」と、照れた笑顔。

「遅刻するのがいいことだとは言わないけど、自分のそんな体験もこうやって一句にしちゃって、しかもグランプリもらったりしたら、なんだか得したみたいだよね」と言うと、「はーい、でも気をつけます」と元気な約束が返ってきた。先生方の席から笑いと拍手が起こる。

春の雲のんびりねむるよく食べる

「では、最後のグランプリの方をお迎えしましょう。よく寝てよく食べる元気な方、前に出てきて下さーい！」

一番後ろの列から、背の高いがっしりとした男の子が出てきた。

「六年生のヒダカマサノリです」

「この句、何分ぐらいで出来た？」

「そんなにはかからない。横の人がのんびり寝たいとかと言ってたので、そのままパクリました」の一言に、一同大爆笑となる。

「じゃあその横の人に感謝しなくちゃね。横の人って誰？　手を挙げてくれる？」

最後列の男の子が元気よく手を振る。周辺の子供たちが、彼に向かって盛大な拍手を送っている。

「今日のグランプリの名誉の何分の一かは、彼に分けて上げないといけないね」と笑うと、ヒダカ君も「ハイ！」と笑った。

学校で行う句会ライブの場合は、与えられる時間と現場の子供の数によってさまざまな方法を工夫しなくてはいけない。特に児童数が多い場合は、全員の句に触れることが不可能なため、かならず後日のフォローを欠かさないように心掛けている。今回も、先着予選十二句ということでグランプリを決定したため、それより遅れて手元にきた句には、目も通せていない。片手では握れないくらいの短冊の束を見せながら、子供たちに約束をする。

「今日この投句の束を持って帰って、必ず全部の句に目を通します。そして、改めて『句会ライブIN麻生小』入選句集を送らせてもらいます。自分の句が入選してるかどうか、楽しみに待ってて下さい。では、そんなお楽しみの予告を一つして、今日の句会ライブお開きにしましょう」

集まれ 俳句キッズ　夏井いつき選

◆今週の〈花まる俳句キッズ〉学校特集

まあくんをまってもまっても寒い風
北宇和郡　曽根小四年　井上　和洋

「まあくん・まっても」のマ音のリズムが、（まだかなあ）という気持ちを表現してて、とってもグッド！季語「寒い風」で現場の様子も見えてくるね。曽根小の俳句キッズたちからは、ほかにもこんな楽しい作品が届いたよ。「さくら散歩に行くぞあばれるな　三年　梶原広大」「柔道のかえりにたぬき冬の星　三年　梶原拓也」

手がみをねポストにいれた春よこい
南宇和郡　柏小一年　河野　千波

ここのところ絶好調なのが、柏小の俳句キッズたち。一月二十日にいっしょに句会ライブをして〈取り合わせ〉の技を覚えたばかりなのに、一年生たちもこんな作品ができるようになったんだね！うれしいなあ。「ぼくの犬ワンワンほえる春よこい　一年　堀田　宗吾」「さんすうのけいさんできた春よこい　一年　川村　剛」「ブランコにのって見つけたかんざくら　一年　児島　結花」

春の雲わたしの心は反比例
伊予郡　麻生小六年　西原史奈美

こちらは三月一日に全校で句会ライブを楽しんだ麻生小の俳句キッズたち。六年生ともなれば算数で習う「反比例」なんて言葉を詠み込むこともできるんだね。「春の雲」ののんびり気分を逆手にとったのがお見事！「はるのくもせんせいいつもいそがしい　一年　ひらさわもえ」「春の雲ゆらゆられるやじろべえ　二年　ながいしゅんや」「春の雲黄色いペンキぬってるよ　三年　門田りょう平」「春の雲ぼくと兄ちゃんねぼうした　四年　土居　靖典」「春の雲いっぱい入るおもちゃばこ　五年　宇都宮千恵」

少年式空は快晴桜の芽
北宇和郡　日吉小六年　葛本　祐平

祐平君のスカッと気持ちいい一句。「桜の芽」という季語と「少年式」との言葉の出合いがそう快だね。「立春の次の日菜の花大発見　四年　上田有香里」「つららのなかにながいはっぱをみつけたよ　一年　河本　祐樹」「ゆきがふり日記におおきな雪だるま　一年　長田梓」

足あとが前後している春泥に
西宇和郡　名取小六年　松沢　勇太

じっと見つめる俳人の目が育ってきた勇太クンの、観察の一句。「学校へふきあげてくるきたのかぜ　一年　谷本　洸太」「雪が降る赤い着物の石地蔵　六年　荒川兼次」「学級園6年畑に梅一輪　六年　辻　はるか」

雪げしき向こうにいるのはだれだろう
宇摩郡　関川小六年　合田　洋史

洋史クンのつぶやきが聞こえてくるような一句。「雪げしき」の季語のはるかな気分とぴったりだね。「冬木々運動場に立ちならぶ　六年　ダニエリ　ヨウコ」「冬の空雲がたくさん重なって　六年　深川　剛史」

愛媛新聞　2000年3月12日　掲載

十二文字のフレーズを作ろう

内海村立家串小学校

私の母校である家串小学校での句会ライブは、今回が三回目。時々帰省する折に、出会った子供たちが「いつきさ〜ん」と声をかけてくれるのは、故郷ならではの嬉しさだ。

そんな家串小の俳句キッズたちに、もう一度『取り合わせ』の指導を徹底しようと臨んだ句会ライブ。これまでは、季語を与えておいて、その季語につかず離れずの十二文字を考えさせるという方法をとっていたのだが、家串小から、『集まれ！　俳句キッズ』（愛媛新聞日曜版の小学生を対象とした選句欄）に送られてくる作品を読んでいると、季語の存在に引きずられて取り合わせが成立していない作品がままあることに気づいた。

そこで今回は、十二文字のフレーズを先に作っておいて、あとで季語を組み合わせる方法を実験してみることにした。果たして、どんな作品が飛び出すか、どんな議論が繰り広げられるか、興味津々の句会ライブだ。

家串小学校は全校児童七十名弱の海辺の学校。右をみても左をみても、兄弟姉妹・従兄弟従姉妹・親戚の集まりみたいな学校だ。ひさしぶりだね、元気だった？の挨拶の後、早速、今日のゲームの説明に入る。

「今日はね、作文に挑戦してもらいます」と言うや否や、「えーっ!?」の大合唱。「えっ、なんで俳句じゃないの？」という声も六年生あたりでヒソヒソと囁かれている。

「今日みんなにやってもらうのは、ものすごーく短い作文。たった十二文字なの」

「えっ!?　十二文字？」

弟は昆虫博士《レモン咲く》　渡部州麻子
《ハンモック》雲の言葉を考える　畑　耕一

大きな短冊に書かれた二句。《　》の季語は隠してある。「今日は、こんな十二文字の作文をまず作ってもらいます。ルールは二つだけ」

①　十二文字は、「五七」のリズムか「七五」のリズムにする。
②　十二文字には、季語を入れない。

「自分がどんな十二文字を作ったかは、絶対に秘密にしておいて下さいね。後でやるゲームが面白くなくなるから。どうしても十二文字がうまく作れない人は、いつきさんが前のテーブルで相談窓口を開いてるから早目に相談に来て下さ～い」

子供たちは思い思いの姿勢で考え始めた。一分もたたないうちに「できた！」と担任の先生のところに走る子もいれば、早々に相談窓口を訪れる子もいる。そんな創作タイムの後に集まった十二文字のフレーズを、少しばかり紹介しておこう。

ひきざんいっぱいがんばった
二十五メートルおよげたよ
なにをかくのかわからない
お姉ちゃんはこわいです
漢字テストをがんばるぞ
くも見たらないたいもうと
空をいっしゅんとんでいる
葉っぱにひかる朝のつゆ
風ふき音色が消えていく
かわいいやつはおとうとだ
いもうとはスーパーモデル
パソコンで地図をかいたよ
かくれていってるお別れか

頭の上に水たまり
空から大王ふってくる
大きな音たて消えていく
やみ夜の中に赤い星

なかなかユニークな十二文字が集まってきた。子供たちには、ここからのゲームの方法をさらに説明する。

① 自分の好きな十二文字を一つ選ぶ。
② その十二文字にぴったりの季語を探し、俳句として完成させ、発表する。
③ 発表された合作俳句の中で、どの作品が一番好きかを、皆で話し合い、今日の入賞を決定する。（したがって、今回は、十二文字を作った人・その十二文字に季語を入れて完成させた人を、ペアで表彰することになる。）

子供たちの手元には、『夏の季語集』がすでに配布されている。彼らは、この中から季語を探し出して、一句を完成させることになるのだ。説明が終わったとたん、「ハイッ！」という元気な声があがった。

「『空から大王ふってくる』がいいと思います。ちょうど今の季節で、『七月や』とすると、ほんとにノストラダムスになると思います」

「僕もその十二文字が面白いんだけど、『七月や』じゃなくて、『七の月』の方がもっと感じがでると思います」

「あっ、その意見そのままもらって、僕もそれに賛成します」

六年生の男の子二人の共同戦線が成立した。二人で、にっこりとうなづき合う。同じ十二文字に、別の季語を合わせた人はいないかと尋ねる。

「はい、僕もそれを選びました。でも季語は『夏の空』がいいです。『空』っていう言葉を重ねると、ほんとに空から降りてきそうな感じがするからです」

「僕も、この十二文字が好きなんだけど、『蛇苺』がいいです。大王につぶされそうなものをもってくると面白いから」

「『梅雨明けや』がいい。えーっと、梅雨が明けるのは、空から大王が降りてくるような感じで、大王が降りてきたから、青空が見えるようになったという句になると思います」

七の月空から大王おりてくる
夏の空空から大王おりてくる
蛇苺空から大王おりてくる
梅雨明けや空から大王おりてくる

「別の十二文字を推薦したい人いるかな？」

「『やみ夜の中に赤い星』がいいと思います。季語は『夏の星』です。さっき誰かも言ったけど同じ言葉が重なってると気分が盛り上がるからです」

「僕は『梅雨明けや』がいい。おんなじ言葉が出てくるのは、当たり前みたいでつまらん。梅雨の時の星って、なんかぼわーっとしてはっきりしてないし、これがいい」

「私は『夏の山』がいいです。夜に山で星を見たことがあるんですが、空も山も真っ黒でコワイような感じがしました」

夏の星やみ夜の中に赤い星
夏の山やみ夜の中に赤い星
梅雨明けのやみ夜の中に赤い星
夏の夜やみ夜の中に赤い星

「私は『お姉ちゃんがこわいです』が好きなんだけど、いい季語が見つかりません」

「じゃあ、これにいい季語見つけてる人がいないか、聞いてみよう」

「はいッ、『ゴキブリや』！」の一声に爆笑が起こる。

「だって、ゴキブリ一匹でもコワイのに、きょうだいで出てきたらもっとコワイよ」

「いつきさん、これって本物のゴキブリじゃなくて、スケバンみたいなお姉ちゃんかもしれん」

こんなダメ押しまで出てきて、子供たちは大いに受けまくる。

「私は『夏の朝』がいいです。でも、ほんとは『お姉ちゃん』じゃなくて、『いもうとはこわいです』にしたい。うちの妹、ヤバイから。特に、朝起きたとき機嫌悪い」

「私は『船虫や』がいいです。さっき『ゴキブリや』っていうのが出てきたから、ゴキブリよりは『船虫』の方がましだから」

「『てんとう虫』の方が、もっとかわいいからそれにして欲しいです」

「私は『夏休み』です。夏休みはながーいから、いっつもお姉ちゃんとケンカしてしまうからぴったりだと思います」

ごきぶりやお姉ちゃんはこわいです
夏の朝お姉ちゃんはこわいです
船虫やお姉ちゃんはこわいです
てんとう虫お姉ちゃんはこわいです
夏休みお姉ちゃんはこわいです

「『葉っぱにひかる朝のつゆ』を推薦します。で、季語は『ダリア咲く』です。ダリアの色は濡れている時がとってもきれいなので、俳句らしい俳句になると思います」

「『風鈴や』がいいです。音色もすずしいし、葉っぱのつゆもすずしいし、気持ちがいいです」

「『夏草や』の方が、緑の葉っぱが濡れるととってもきれいです」

「濡れたときにきれいなのは、『あじさいや』だと思います」

ダリア咲く葉っぱにひかる朝のつゆ
風鈴や葉っぱにひかる朝のつゆ
夏草や葉っぱにひかる朝のつゆ
あじさいや葉っぱにひかる朝のつゆ

「『風ふき音色が消えていく』です。季語は、『夏の山』がいいと思います」

「これは、何の音色だと思う？」

「夏の山の音色…」という詩的な答えが返ってきて、先生方から小さな拍手が起こる。

「『風鈴や』がいいです。音色と言えば、当然風鈴」

「『夏の海』の方がいい。何の音色かよくわからない方が、メチャクチャに想像できるから。風鈴なら、そのまんまって感じでつまらん」

夏の山風ふき音色が消えていく
風鈴の風ふき音色が消えていく
夏の海風ふき音色が消えていく

推薦された俳句ごとに、もっともいい季語が配されたと思われるものを、多数決で決める。人数を数える係を引き受けてくれた六年生の男の子の声に、固唾を呑む子供たち。つぎつぎに入賞句が決定する。いよいよお楽しみの、作者の『名乗り』の時間がやってくる。

夏草や葉っぱにひかる朝のつゆ

「圧倒的多数で皆が賛成してくれたこの季語を提案してくれたのは、どなたですか？　立って下さ～い」

「はいッ！」と元気な声が響く。

「おっ、ユウジ君か。おめでとう。（一同拍手）前に出てきてくれる？…じゃあ、この『葉っぱにひかる朝のつゆ』の十二文字を作ってくれた人も、出てきてもらおう。作者はだれかな？」

「…」

女の子が困ったような恥ずかしげな様子で立ち上がった。「ああーァ」という不思議などよめきが起こる。

「えっ、どういうこと？　皆のその反応はどういう意味なの？」

「あのね、私、ユウジ君といとこ…」

「なるほど。いとこのユウジ君が考えてくれた『夏草』って季語は気に入ってる？　それとも、他にいいなって思うのがあった？」

「私も『夏草』がいいなって思ってました。とっても似合ってるから」思わずにっこりするユウジ君。

七の月空から大王おりてくる

「この季語を選んでくれたのは…あっ、ワカバヤシ兄くんとニシグチ君の合作だったね」

二人とも堂々と胸を張って出てくる。

「では、このユニークな十二文字を考えついた人は、どなた？」と言ったとたん、ウッワー！

という歓声が起こった。

「おおー、大人気のフジイ兄クンだ。ねえ、君としてはどの季語がよかった？」

「やっぱりこれがいい。余計に似合ってるから」

「そっかぁ、私はフジイ弟クンの、『蛇苺』っていう意見も好きだったんだけど、どう？」

「えー、悪くはないですが、『七の月』にはちょっとかなわなかったのが惜しかった」

フジイ兄クンの解説に、みんな大笑い。フジイ弟くん、がっくり。

夏の山風ふき音色が消えていく

「この季語提案してくれたのは、誰だった？」

「は、はーい、僕」と、手を挙げたのは今日大活躍のニシグチ君。

「彼とペアで、この作品を作ってくれた十二文字の作者はどなたかな？」

後ろの方で、六年生の女の子が立ち上がった。「おお！」というどよめきと拍手が押し寄せてくる。

「ニシグチ君、なにテレてるんだよ。(笑)…あなたは、ハマダさんね。あなたとしては、『夏の山』はどうかな？」

「私は、『風鈴』です。『夏の山』なんて思いつかなかったから、びっくりしました」

隣に立っていたニシグチ君がオイオイと泣くマネをし始め、一同爆笑。

夏の夜やみ夜の中に赤い星

「赤い星っていう言葉、迫力あるね」と言うと、「これって、隕石のことだと思います」「ぼくは、さそり座だと思います」と、すかさず声が上がった。

「なるほど。この季語を提案してくれたのは、誰だったかな？」

低学年の男の子が、ピョコンと立ち上がった。どよめきと拍手が広がる。

「一年生のワカバヤシ弟クンだね？今日はどこも兄弟パワー炸裂だ。じゃあ、隕石だかさそり座だかの迫力ある十二文字を考えてくれたのは誰？」

「ハイッ！」

「おお、マコト君。この赤い星のイメージは何なの？」

「さそり座です。選んでくれたこの季語、とっても気にいってます。ありがとう」と、ガッチリ握手した二人に、盛大な拍手が起こる。

ごきぶりやお姉ちゃんはこわいです

さて、問題の句だ。どの季語がくっつくかで、こんなにも違った句になるという見本みたいなのが最後に残った。子供たちはもう、この句の作者が知りたくてウズウズしている。

「僕です」と名乗りを挙げたのは、五年生のカトウ君。手拍子と歓声の中を進んでくる。

「カトウ君、この十二文字の作者って、この季語のことどう思ってると思う？」

「怒ってるような気がする…」

「困っちゃったねえ。ひとまず作者に出てきてもらって、謝るか？」

こくりとうなづくカトウ君。

「それではこの十二文字の作者、前に出てきて下さい」

すると、低学年の女の子が元気よく立ち上がった。拍手が起こる。

「私、気に入ってる！　だって、お姉ちゃんのことで作ったのに、こんなになって面白いもん」

カトウ君、思わぬ展開に思わずにっこり。

「ねえ、お姉ちゃんは何年生なの？」と何げなく聞いたら、子供たちは「いるいる！」と指さしながら大騒ぎを始めた。お姉ちゃんが、ちょっと怒った顔を見せながら登場。

「こんな季語、絶対ダメ！　でも『夏休み』ならいいと思う。夏休みは、やっぱりケンカしてしまうし…」

「でも、お姉ちゃん、『ゴキブリや』の方が面白いけん、こっちがエエ」と反論する妹。おおげさな表情で睨む、お姉ちゃん。その様子を見て、笑い転げる子供たち。

ところが、この句にはまだ一波乱あった。なんと、ナカヒラ君も同じ十二文字を作ってたというのだ。「えーっ!?」という声が上がる。俳句というのは、とても短い詩型なので、こういう事態はまま起こり得るのだということを説明する。子供たちは、「へえー」とうなづきながら聞いている。

「ナカヒラ君は、何か別の季語考えてた？」

首を大きく横に振るナカヒラ君。

「じゃあ、この十二文字に君なりの季語を見つけて完成させてね。それでは、彼にも大きな拍手をどうぞ！」

子供たちによる互選は、議論する楽しさを味わわせることが一番の目的。「こんな句がグランプリになっていいんでしょうか」と心配する先生もいらっしゃるが、自らが作り選び合い議論するという過程を、存分に楽しませることの方が大切なのだ。

子供たちの議論の中で、こぼれてしまったよい作品は、最後に私の方で拾い上げ、なぜどこが良いのかを解説する。自分たちが選んだ作品と、『いつきさん賞』に入った作品が全然違ってたのはどうしてだろう?と疑問に思い始める子が出てきたりすれば、もうこれは大成功。学習したいという意欲は、一つの小さな疑問から始まるものなのだ。

今回の『いつきさん賞』は、十二文字のフレーズが対象。どんな季語をおけば面白くなるか、子供たちに考えさせながら話を進めていく。

ひきざんいっぱいがんばった

「とっても素直な言葉です。これは、作者だれかな?」

低学年の男の子が恥ずかしそうに立ち上がった。

「お名前教えてくれる?」

「ちー君だよ!」と外野席から声が上がる。

「ちー君は算数好きなの?」

「そーとーがんばった」

「そう、えらかったね。この俳句もね、頭の五文字に季語を入れるととってもいい作品になるんだよ」

「わかった!」と、またしても外野席からの声。

「夏の空ひきざんいっぱいがんばった！」

「いいね、いいね。百点満点だって言ってるみたい」

「いつきさん、僕もできたッ！『蛇苺』！」

「えっ、こりゃ、なんだか怪しい俳句になってきちゃったよ」

子供たちは、げらげら笑い転げている。

二十五メートルおよげたよ

「がんばるシリーズをもう一句。これも、とってもいい十二文字。作者は誰？」

男の子が、まさかという表情でゆっくり立ち上がった。どよめきが広がる。

「ケイタ君ね。いつ泳げるようになったの？」

「今日…」

一同またどよめく。

「今日なの、すばらしいじゃない！　こんな素敵な日に、こんな素敵な十二文字ができたんだよ。ねえ、ケイタ君の記念日のためになにかいい季語みつけてあげようよ」と投げかける。即座に「夏の空！」の一言。大きな拍手が起こる。

「おおー、いいね。泳ぎ終わったあとの青空って最高だよね。どう？ケイタ君」

「うん、気に入った…」と、小さくうなづくケイタ君。

頭の上に水たまり

「これも謎の一句。なかなか面白い表現だね。作者は誰かな？」

高学年の女の子が、にこにこと立ち上がった。

「何か、季語は考えてますか？」

「『梅雨明けや』です」

「なるほど。皆に聞きたいんだけど、この季語をおくとどんな感じになるかな？…はい、リサちゃんどうぞ」

「雨が上がったんだけど、傘を持ってなかったから、自分の頭が濡れて水たまりが出来てるんだと思います」

「僕も、同じで、その人の髪の毛がぐっしょり濡れてるんだと思います」

「ほーォ、作者のチヒロちゃんどうですか？」

「私が考えてたのは、ちょっと違ってます。雨あがりに、上を見てると木の葉に水がたまっていて、その様子を言いたかったんです」

「リサちゃんたちは自分の頭のところだと考えたけど、チヒロちゃんはもう少し上の梢を思ってたのね。あるいは、空のずっとずっと上の方に、梅雨の名残の雲が水気をいっぱいふくんだまま残ってるっていうふうに読むこともできる。この水たまりの位置をどこだと想像するかで、全然違った句になるんだね」

大きな音たて消えてゆく

またまた、こんな謎の十二文字だ。作者は、テンパク君。

「これさァ、作者に聞く前に、何が大きな音たて消えていったのか、皆であてっこしようよ」

「はい！　蛇苺」

皆、おなかをかかえて笑い出す。

「ハイっ！　地球が大きな音をたてて消えたんだと思います」

「えっ!?　すごいのが出てきた。びっくりしたァ。そういうふうに言われると、いつかそんな日も来るかもしれないって気がしてくる。よく思いついたね」

「いつきさん、それなら季語は『七の月』がいいよ」

ノストラダムスから離れられない六年生の意見に、再び一同爆笑。

一年生も元気に手を上げている。

「はいッ、オオダイコッ！です」

「『大だいこ大きな音たて消えていく』か。うん、お祭りの気分だね」

「僕は、『青嵐』がいいと思います」

「おおー！　大人が使うような季語が出てきた」

「ねえ、いつきさん。アオアラシって何？」と質問してきたのは、最前列に迫り出してきていた二年生の男の子。

「『青嵐』は、ちょうど今ごろの季語。山が青々としげって、一面の青葉になる頃に強い風が吹くことがあるの。真っ青な山を、ゴウゴウと吹き渡っていく風のことなんだよ。さすがに、高学年ともなるとこんな季語を見つけてくるんだ。作者のテンパク君は、どんな季語を考えてた？」

「ぼくは、十二文字しか考えてなかったけど、『青嵐』ってカッコイイと思います」

「そうだね、よかったらその季語をもらったらいいよ。季語って皆のものだから、気に入ったらどんどん使っていいんだよ」

　　パソコンで地図をかいたよ

今日、最後の『いつきさん賞』の作者は、三年生のササキ君。この間の授業でやったばかりなのだという。

「地図って、何の地図書いたの？」

「家串の地図」

「実際に書いたのは、この学校のあたりの地図なんだけど、俳句って自由に考えていいわけだから、何か面白い季語はないかなあ？」

「はいッ、『蛇苺』！」

外野席からの声に、またしても爆笑。

『『蛇苺』って季語は、どんな十二文字と取り合わせても、結構面白くなるってのは今日の発見だったね。(笑) じゃあ試しに、『蛇苺』を下五におくと、どんな場所の地図になる？」

「森の中」

「林」

「誰にも教えたくない秘密の場所」

「そうだね。じゃあ、次は、今日の人気季語の一つだった『ごきぶりの』を置いてみたらどうかな？」

「家の中！」

「台所」

「ごきぶりの出そうな隅っこの地図」

「ごきぶりの探検隊が使ってる、ちっちゃい地図」

「ほら、だんだんちっちゃくなってきたでしょ。どんな季語を選ぶかで、場所も景色も意味も全然違ってしまう。そこが《取り合わせ》の俳句の面白さなんだよ。ササキ君は、どんな季語を考えてた？」

「まだ、考えてない」

「じゃあ、とびっきり素敵な季語を見つけて、この句を完成させてね。では、今日の句会ライブ『いつきさん賞』の皆に、もう一度大きな拍手を贈って、おひらきにしましょう。おめでとう！」

集まれ 俳句キッズ　夏井いつき選

◆今週の「花まる俳句キッズ」

南宇和郡　家串小三年　佐々木　良

パソコンで地図をかいたよ新緑の

◆「パソコン」でかく「新緑」の「地図」という発想がさわやかな一句。パソコンの画面の緑が、空からみる新緑のかたまりと重なって、なんだか私が鳥になって空の上から眺めているような気持ちになったよ。

家串小の俳句キッズたちは、皆どんどんうまくなってきたね。ほかにも楽しい句がいっぱい。「なつやすみひきざんいっぱいがんばった　一年　ひらたちひろ」「青あらしお姉ちゃんはこわいです　三年　中平啓太」「つゆあけや頭の上に水たまり　六年　磯和千尋」

南宇和郡　西浦小四年　吉田千与美

夏アザミさわってトゲをたしかめる

◆「〈おもひでポロポロ〉の紅花の話を見ました。父さんとアザミをさわりに行きました。いたかったです。手で花をつむと血がでると思いました」という千与美ちゃん。「～たしかめる」の一語にその気持ちがこもっている。

松山市　愛媛大付属幼稚園年長組　大西　兼人

電話から夏のじいちゃん元気です

南宇和郡　柏小四年　上田　拓史

これでもうリュックはげんかい夏帽子

同　六年　北原　発貴

大きな大きな目かくしをしてすいかわり

伊予郡　岡田小五年　高市　京

汗かいて広いお宮のかくれんぼ

同　二年　高市　昌

じいちゃんの車いすおす夏休み

今治市　美須賀小一年　うだかまほ

きんぎょすくいはじめてすくえたくろきんぎょ

北宇和郡　成妙小五年　中村　友香

せみの声聞いてつばめの子の巣立つ

東宇和郡　田之筋小二年　仲本万里子

ゆうやけの日をあびながら背がのびる

◆万里子ちゃんのこのユニークな感じ方にびっくり！田之筋小二年生の俳句キッズたちは、はりきってるなあ。「ピーターはいつも夕がたうるさいな　大野裕子」「かえるさんもうちょっとしずかにしましょうね　みやもとしんいち」「ゆめの中はつたいけんの空のおく　井上史也」「木のはっぱ風をよぶんだ手品しだ　藤原たかふみ」

北宇和郡　成妙小三年　佐々木多樹

いつきさんとテレビに出たよ初なすび

◆多樹ちゃんから、こんなごあいさつ句も。十九日午前九時、松山大学で行われる「第二回俳句甲子園」の高校生チームに、NHK「天才てれび君」俳句道場の四人組が挑戦。愛媛の俳句キッズたち、ぜひ応援に来てねッ！

愛媛新聞　1999 年 8 月 15 日　掲載

第三章　中学生はいかにして俳句と出会ったか

ベストテン方式句会ライブ　私立愛光中学校

「からっぽ」から発想する『取り合わせ』　面河村立面河中学校

ベストテン方式句会ライブ

私立愛光中学校

「俳句は面白い！」と百万回叫んでも、やってみなくては分からない。「俳句は試験にでるもの」という進学校の生徒たちの概念を根こそぎ引っくり返すことができれば、これは面白いことになるかもしれないと、単身、私立愛光中学校に乗り込んだ。

愛光学園は、中高一貫教育を目玉とした全国有数の男子進学校。各学年とも約六割が県外からの生徒だという。その一年生四クラスで、句会ライブをやってみようというのが、今回の試みである。果たして進学校の現代っ子たちに、俳句はどう受け止められるのだろうか。

今回は、国語の授業時間を利用しての句会ライブとなり、五十分というかっちりとした制約がある。一クラス五十二人の全句にあたることはどう考えても不可能。そこで、国語科担当の前田先生に、次のような準備をお願いした。

① 自由に俳句を作らせる。

② 各クラスごとに互選。ベスト十句を選んでおく。

③　ベスト十句に加え、夏井選の七〜八句を、黒板に掲示できるような大きな短冊に清書する。

せっかく作った俳句が、一度も取り上げられないまま終わったのでは面白くないので、私の方では、事前に、各クラス全句に短評をつけたプリントを作成。ライブ終了後、ゆっくりと自分の句の是非について確認できるように配慮した。

さて、当日である。あらかじめ職員室に配布していただいた短評プリントに、沢山の先生方が興味を持って下さったらしく、どの教室も立ち見客がいっぱい。今回の句会ライブ実現にご尽力下さった愛媛大学教育学部教授・三浦和尚先生も、大学院の学生を引き連れての参観。周囲の盛り上がりに、当の生徒たちは戸惑いと好奇心が入り交じった表情で、ちょこんと座っている。

a組

最初に句稿を見た時から、このクラスはヤンチャ坊主ぞろいだなと思っていた。そんなクラスカラーを反映してか、a組の互選を断トツの一位で通過しているのは、こんな句。

いもくえばパンツちぎれるへのちから　　弓崎孝次郎

自由に俳句を作らせると、必ず一句は出てくる永遠？のネタである。これが一位と知った生徒たちは、拍手喝采。そんな彼らを尻目に、黒板に「1、2、3～」という具合に「10」まで番号を打っていく。さらにその横に「ボツ」と書く。

「君たちが一位に選んだこの句を、仮に五位におきます。次に出てくる句と比較して、どっちが良い句か、皆で討論していきます。そして、このライブが終わった時には、これぞ愛光a組のベスト十句！というのが、黒板に並んでいるというわけです」

何をさせられるのかが分かると、生徒たちは一気に活気づく。彼らの好奇心が教室に満ちていくのが、手に取るように分かる。

節分の福豆に寄る雀かな　　住村亮次

「ほおーッ」というどよめき。小気味よくパンパン手が上がる。

「最初読んだ時は、『へ』の句を面白がって僕も一位に選んでたんだけど、『節分』の方がやはり俳句らしさがあります」

「『雀かな』が、いかにも俳句らしい響きです」

「なるほど。『へ』を弁護する意見はない？」

「わざと漢字で書いてないところが面白いです」

「ほおー、これはわざと平仮名にしたの？『へ』って漢字、書けなかっただけじゃないの？」

と、切り返すと、ドッと笑いと拍手が起こる。

後日、この『へ』の作者・弓崎君からはこんな感想が届いた。

「僕の俳句が、九位になってしまうなんて、納得がいかなかった。みんなが初めて選んだ時は、一番だったのに、夏井さんの言葉にクラスの大半がだまされたために、このような結果になって、ワタシはとても残念だ。でも、俳句会はけっこうよかったと思う」

広銀の看板飛ばす冬の風　　宇都宮亮

なぜ『広銀（広島銀行）』なのか、『ひめ銀（えひめ銀行）』ではだめか、『冬の風』で看板は飛ぶか、秋の台風なら分かるが、いや冬の木枯らしもあるではないかと、賛否両論入り乱れた一句。最後には「僕は『秋の風』と書いてたのに、誤植でこうなってたみたいだ」という作者の弁も飛び出し、結局は七位に落ち着いた句。最初の互選では一票しか入っていなかったのだから、素晴らしい大躍進である。

互選外から浮上、三位にまで上がったこんな句もあった。


犬つれて走れば2つの白い息　　高須賀康秀

「『2つの息』というところがうまいです」

「自分の息よりも小さい犬の息を見つけて、うれしかったんだと思います」

「例えば、さっき出てきた『節分』の句はいかにも俳句らしいんだけど、こっちの句の方が分かりやすいというか、古臭くないというか、だから好きです」

それやこれやの激論の末、a組一位二位は次のように決定。

第一位　まくら木の陰にかすかに残る雪　　横田　創

「こんな所に、よく気づいたなあと思います。こんな地味な所に、目がいったのがスゴイというか」

「吹き付けた風の方向のせいで、片側だけに残った雪がずっと続いてる景色が浮かんできました」

第二位　炎天下音鳴りひびく甲子園　　三好庸平

「『炎天下』というのが季語だと思うんだけど（えっ『甲子園』じゃないの？と質問が飛んだりする）、それがぴったりしています」

「応援団の音だとか、球を打った音だとか、いろんな音が聞こえてくるように想像できました」

作者はいかにも高校球児！らしく日焼けした長身の生徒。「そっかぁ、君も甲子園めざしてるんだね」と拍手を送ると、頭をかきながら立ち上がった彼の一言。

「スミマセン。僕バスケットボール部です」

b組

このクラスは、比較的おとなしい詠みぶり。だが、互選外には面白い句もたくさんあって、大どんでん返しが起こりそうな予感。互選ベスト三句は、こんな結果になっている。

向日葵と背丈くらべし幼き日　松田博之
舞い降りるはかなきいのちよ牡丹雪　藤田　潤
節分をしたのにいまだ福はこず　中谷憲和

「どれも季語がきちんと使われてるし、季語の気分にぴったりの表現だと思います。」「でも、なんかそのまんまって感じもするなあ」「ムードは分かるんだけど」　悪くはないが、イマイチ強烈な魅力に欠けるというところか。どこが良いのだろうと考えていくと、積極的なオシが出来なくなって、結局、それぞれが五位・七位・八位と後退を余儀なくさせられる。

雪だるま作ってきたよ友達と　矢部光一郎

互選外の句である。黒板に掲示したとたん、「ボォーツ！」のコーラス。

「待って待って。この句ちょっと直すと面白くなると思うんだけどね。下五に、誰かの名前を入れてみようよ。このクラスで誰か二文字の名前の人いない？」

とたんに元気な答えが返ってくる。

「ひィがァく〜ん！」

「おー、比嘉君ね。君はどこの出身？」

「沖縄です」

「いいなあ、ナイスだよ。沖縄の比嘉クンと雪だるま作るってのは」

夏井の強力な推薦及ばず、ベストテンの壁は厚かったッ。

考えてこたつに入り思いつく　　小川雄史

なおも懲りない夏井選のこの句。「こんな句ずる〜い！」とブーイングが起こる。

「どこがずるいのよ。このヘタウマ風味が、いいじゃないの？」

「だって、僕ら苦労して宿題の俳句作ったのに、この作者が炬燵に入って思いついたのが、ホントにこの俳句だったりしたら、やっぱりこれはズルイよ」

この意見に拍手が起こり、これも沈没。

菜の花が河原に咲いた遠賀川　　渡辺憲一

これも互選外の句。

「最初は全然いいと思わなかったんだけど、さっきの比嘉君じゃないけど、『遠賀川』という地名がなんとなくいいです」

「たしか九州の川だったと思うんだけど、広々とした感じが伝わってきます」

この意見にクラスの大半のものがうなずき、なんとこの句、四位にまで浮上。大拍手を浴びる。熱心な議論が続いたb組は、結局、こんな結果になった。

第一位　自転車で突っ切る夏の風の中　　徳毛圭太

「とにかく気持ちいいです。自分がほんとに自転車に乗ってるような気分になれます」「『突っ切る』という表現がいいんだと思います」　互選では二票しか入ってなかったこの句、デッドヒートの末、見事にチャンピオンに輝いた。

第二位　寒い中きもちよくのむポカリスエット　　佐伯輝俊

「実感がこもってます。それに、僕ポカリスエット好きなんですよね」

「ポカリスエットを俳句にしてしまうってのが、他の人には思いつかないことだと思いました」

「こういう商品名を俳句に使ったりしてもいいんですか？」

「うん、何を使ってもＯＫ。俳句の世界に使ってはいけない言葉なんてないんだよ」

第三位　北風が入れてくれよと窓たたく　山本周亮

「かわいいです。特に、擬人法をうまく使っているところがいいです」

「うん、そうだね。私はハウスシチューのＣＭを思い出したよ」

「あったかい窓の中の様子も想像できて、大好きです。僕は、やっぱりこれを一位にすべきだと思うんだけどなあ」

Ｃ組

このクラスの全般的に真面目な詠みぶりの中、なぜか目立ってしまった食い気のこんな一句が、互選を一位で通過している。

腹減れば頭に浮かぶちゃんこかな　砂野祐一郎

最初、仮順位として五位におかれたこの句、新しい句が出てくる度に確実に順位を下げていく。「だいたい、この句は嘘っぽいんだよ。僕なんかどんなに腹減ってても『ちゃんこ』なんか思い浮かばない」「寮のカレーぐらいだよ（爆笑）」との批判にもめげない一握りの根強いファンのおかげで、かろうじて十位をキープ。

春くれば桜ふぶきや松山城　　賀川裕貴

「光景がはっきり浮かんで来ます。松山城を見上げた時の、作者の顔の角度とか、そういうのまで分かる」

「でも『春・桜』、どっちも季語だからなあ。桜が咲けば、春って分かるんだし。やっぱり季語は一つの方がいいと思います」

かくして、季重なりの罪？　によって、『桜』は六位に後退する。

蕾つけ寒さに耐える梅の花　　杉田　統

「これも『寒さ・梅の花』が、どちらも季語だから、ボツだと思います」

「でも、この場合は、『梅の花』がぐぐっとちぢまった感じで『寒さ』に耐えてるってことを言いたいんだから、しかたないんじゃないか」

うーむ、ナルホドと、この意見に納得する者多く、四位に落ち着く。

白いいきひぃひぃはいて学校へ　台野　信

互選外の句である。短冊を出したとたん、またも「ぼォ〜ッ！」の大合唱。「なんでぇ〜？！私この『ひぃひぃ』というのがリアルで好きなんだけどなあ」と再度抵抗してみるが、やはり「ボォ〜ッ！！」の声。

作者・台野君の感想コメント。

「僕の俳句は三秒で捨てられました。とても空しいというより悲しい。でもいつもの国語の授業より楽しかったので、是非また来るようにして下さい」

アリガトウ、台野君。

ベスト三句のうち、なんと一位二位が互選外という大番狂わせとなったC組。

第一位　木枯らしや青く冷たい空のいろ　磯谷武明

「『木枯らし』の風と、『空のいろ』の組み合わせがいいと思います」

「冬の枯木が風に揺れてる感じも想像できました。そして、その向こうにある青い空をとてもうまく表現したと思います」

第二位　白球を追う息白く舞い上がる　　三好康広

「野球だと思います。オーライオーライと言いながら、フライを取ろうとしてるところ」

「えっ、僕はサッカーかと思ってた」

「それが有りなら、ゴルフってことだってあり得ることになってしまうよなあ」

「まっ、どっちにしても『舞い上がる』っていうのが、その様子をよく語っていて、いいです」

第三位　しらかばの足跡続く銀世界　　西原佑一郎

「白樺の林の中に続いている足跡だと思うんですが、ムードがあっていいです」

「カッコイイ句だなあと思います」

「でもさぁ、これって、白樺そのものが夜になるとウロウロ歩き出すなんていうホラーファンタジーみたいな読みだって出来るよね」

「夏井さん、俳人のくせにそんなヘンチクリンな読みをしちゃっていいんですかぁ？」

「だって『〜の』の解釈によって、全く展開が変わってくるじゃない？」

「うーん、そう言われてみれば…」

d組

個性派ぞろいのd組は、一人で三句五句と作っているツワモノ揃い。その上、自分の説を曲げない気迫も十分。時間がもっと欲しいよ〜！という怒涛の展開となった。

なんと一人で三句も互選ベストテン入りを果たしていた有田君。最も自信があったというこの句が、互選一位で通過である。

百舌鳥が止み燕が泳ぐ春の空　　有田　聡

「百舌鳥が鳴き止んで、燕が来るっていう時間の流れの表現がうまいと思いました」

「でも、これって季語が二つあるんじゃないか？」

「実はね、この句、季語が三つ入ってるんだよ。『百舌鳥』は秋の季語だよ」

この事実が判明したとたん、自信の一句は一挙に七位転落。

互選を三位で通過しているこの句も、やはり槍玉に。

雪とける小春日和の毛糸ぼう　　須田寛士

「この句の季語は分かる？」

「『雪』と『小春日和』だよね？」

「『毛糸ぼう』もそうじゃないのかなあ？じゃあ、これも季語が三つだ」

これまた五位後退を余儀なくさせられる。


山の中すこしの音もこわくなる　　田口幹泰

「ボ〜ツ！」

互選外のこの句、そっけないまでのボツコールで、拒否される。

「どうしてボツなの？理由を言ってよ」

「季語がないです」

「うん、確かにない。でも上五を『春の山』とでもすればどう？芽吹き始めた山の中に一人で立ってたら、ほんの小さなカサコソって音にドキッとしたりしない？　この句の作者の感性は、すごく繊細だと思うよ」

ウームと考え込む少年たち。

「確かに『春の山』にすれば、なんだかいいような気がしてきたけど、でも、夏井さんに直してもらったヤツがベスト十に残るってのは、ダメだと思います。それなら僕の俳句だって直してもらったら、チャンピオンになってたかもしれないよ」

この意見に、大拍手が巻き起こり、夢のベストテン入りは果たせず。無念。

　春の空桜三里を通りけり　　池川泰民

これも互選外の句。カンパツ入れず「ボツ！」の声が上がる。が、質問によって救われる。

「『桜三里』って何ですか？」

「丹原町に行く途中の、桜並木がずっと続いている峠だよ」

「じゃあ、やっぱりボツ。そんな地名は知ってる人しか分からないんだから、ダメだよ」

拍手が起こる。

「いや、それは違う。どこにあるかは知らなくても、これを読めば地名だということは分かるし、その場所が桜の並木が続いているところだという想像もできるはずです」

この猛反論に、ナルホドと共感する者も出てきて、かろうじて九位にランクイン。

というわけで、d組のベスト三位は、こんな顔ぶれとなる。

第一位　しもおりて白く輝く草木かな　　横田敏正
第二位　舞いおりて道を埋めたる梅の花　　丸野貴裕
第三位　寒空に若葉一枚咲き出ずる　　有田　聡

夏井選のベスト三位とは、全く食い違う結果となった。ちなみに私が選んだ三句は、

春の空桜三里を通りけり　池川泰民
雪景色耳をすませば風の声　藤高　亮
衣山ではや二年目の桜見る　磯崎亮太
（※『衣山』は、愛光学園の所在地）

うーん、なんでこの三句？と、もの問いたげな表情の彼ら。その疑問を一人一人の胸に投げかけたまま、ぶっ通し四時間に及ぶ句会ライブは、無事終了した。

果たして今回の句会ライブを、彼らはどう受け止めたのか。彼らの中に『俳句』はどう映ったのか。幸いなことにライブ終了後、国語科の先生方から今回の試みに対するご意見やご感想を聞かせていただくことが出来た。現場ならではの、鋭い質問や指摘が飛び交った。この学校の先生方の熱意と研究心に、私自身も刺激を受けた。その席上で、ある先生がこんな話を聞かせて下さった。それは私にとって、何よりも嬉しい御褒美のような小さなエピソードだった。

「あるクラスで、句会ライブの授業が始まる前から、机の上に数学の教科書を出している生徒がいたんです。つまらなければ、数学の勉強をしようという魂胆だったと思います。ところが彼は、句会ライブが始まってから終わるまで、一度たりともその教科書を開きませんでした。開くどころか、そこに数学の教科書があったことすら忘れてしまっているように、僕には見えました」

句会ライブを終えて

◆一時間だったけど、小学校の時、五時間くらいかけてやった俳句の授業より、何倍も内容が濃かったと思う。時間がなかったから、十五句しか取り扱わなかったが、時間があったら三時間ぐらいかけて全部の句をやってほしかった。楽しかった！！！（鈴木毅樹）

◆『文学』っていうカラを破ったような新鮮な授業だった。この授業をうけてよかった！と思ってます。各俳句の短評の中に、「俳句はヘソマガリな文学」という言葉がありましたが、僕たちからみるとやっぱり『文学＝かたい』というイメージが強いけど、他の考えをいだくこともできました。ヘソマガリで新鮮な文学の『俳句』もいいなあと思いました。（谷中聖久）

◆僕たちが作った俳句（ほとんどは俳句とはいえないような）を、俳句らしく奥深い感じを持っている俳句に変えたということが印象深かった。また、それまで大した俳句でもないと思っていたものが、「ココがいい」と言われると納得できるようになるのが不思議だった。（江村峻徳）

◆一口で言えば、非常に楽しかった。へんなおもしろい句がたくさんあり、先生はどう思っているのかということをはっきり言ってくれる。俳句というと暗いイメージを持っていたけれど、この授業を受けて、おもしろいなという感じを持った。週テストの俳句覚えが、今まですごく苦労していたのが、楽しく覚えられるようになったのはおどろいた。これ本当。（倉谷蓮）

◆俳句というとヒゲを生やしたおじいさんが、庭で座ってじっとしているようなかたくるしい感じがするけれど、案外何でも気づいたことや感じたことを書いていけば、それなりに俳句になるんだなあと思いました。先生は「ひねくれものは俳句にむいてる」と言ったので、このクラスから、俳人になる人がでるかもしれません。（橋詰雄一朗）

◆かたいイメージがあった俳句が、僕の中で、一瞬にしておもしろいというイメージに変わりました。五・七・五という限られた字数で、自分の心を素直に表すということが俳句なんだと思いました。（松田博之）

◆今までの俳句の見方が逆転しました。今まで僕は暗い道楽としか考えていませんでした。でも先生の授業のように明るく俳句を考えると、今までの考えが間違っていたように思えました。俳句をおもしろく考えたのは初めてでした。（浅井是旭）

◆日本古来からの俳句であるから、授業は非常に堅苦しいものだと思い、先生のお姿も着物姿だとばかり思っていた。しかし、実際は全く違い、洋服姿だし、授業はライブという思いもよらないものだった。俳句の優劣の順番を決めるとは考えられない。だが、非常におもしろく精神的娯楽もでき、俳句を違った方向から見れた。結論は、俳句はおもしろいもので、リラックスできるものだと分かった。これからは気がおかしくなりそうになったら、俳句を作ってみようと思う。（奥野貴之）

◆それぞれの人の書いた俳句に対し、ほめ言葉をあたえたり、ここはこのようにしたらよいと指摘する授業の進め方に驚きました。自分が、先生の授業はこんなだったらいいなあ～と想像していたものと、ぴったり重なったからです。僕の俳句はみんなからはあまり珍重されなかったです。いい俳句を作ってやると思って作ったからだと思いました。俳句は、ふと思いついて書

くものだと反省しました。（嶋本純也）

◆まず第一に、とても楽しかった。今までは週テストとかで、俳句を覚えるにすぎなかった。しかし、先生が来てくれたので、俳句の読み方が少しではあるが分かったような気がする。一つの俳句ではあるが、二通りの読み方があったり、作者の気持ちが分かったり。それからもっと適する言葉がさがせるものだということが分かった。先生に「俳人のセンスがある」と言われて、少し自信が持てた。（高瀬知彦）

◆僕は俳句が大嫌いだった。だけど、俳句にも違った面があるんだなと思った。特に「ギャ句」なんかは、初耳でとても面白かった。今まで、週テストで暗記するだけだった俳句も、解説に目を通すようになった。また今度俳句を作るような機会があったら、もう少しうまく書けるような気がする。（堀井俊宏）

◆ぼくの今までの『俳句』というもののイメージは、難しくて古臭いものというイメージでした。しかし、今回の夏井先生の授業によって、そのイメージはぶっ壊れました。『新鮮でとても力強い俳句』というイメージを受けました。（濱田健二）

◆直感的に決めてみるのと、じっくり読んで決めてみるのでは、えらい差がでることがわかりました。それは、人それぞれ違うけど、その句その句をいろいろな方向から考えてみると、俳句の規則や表現などに問題がおこったり、ここをこうすればよいなどという所が何ヶ所も出てきたりするからです。（阪本憲司）

◆授業の進め方が非常におもしろかったと思う。この俳句は何位がいいかを決めるときも、自然にその俳句のよい所・悪い所などを考えるなど、半分遊びみたいな感じで、勉強がすすんでいったのが面白かった。先生が選んだベスト3には、僕たちがそう評価していなかったものも多かった。そういうことで、現代的な俳句というものが、少しわかってきた。（鈴木啓介）

◆「どうせ面白くないから適当に書いとこう」この僕の思いは打ち砕かれた。夏井先生からは、本当の夏井先生による俳句への考えを、わずかながら理解したつもりだった。そして楽しさを知った。「あーあ、もっとましなのを作っとけばなー」という気持ちにまでさせていただいてもらった。（北城恵史郎）

◆俳句は、しみじみとしたよさが持ち味だと思っていた。
しかし、何か違った新しさに満ちている感じだった。

こんな短い詩も、読もうと思えば深いものだと感じた。くらかったイメージに、光が入ってきたような新鮮であざやかな気分がある。（諸隈慎吾）

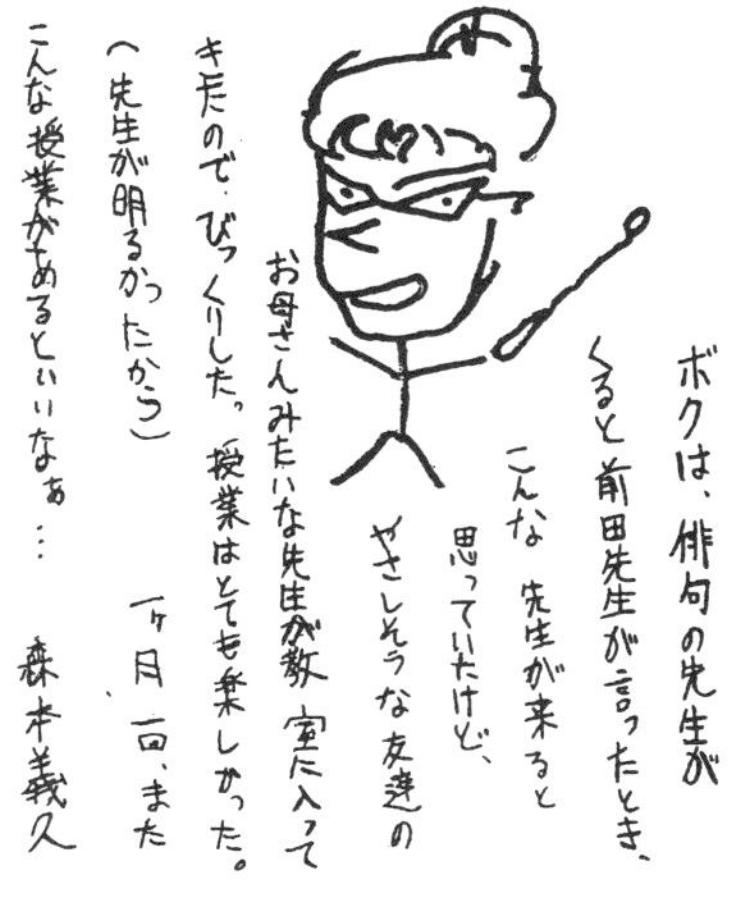
ボクは、俳句の先生が
くると前田先生が言ったとき、
こんな 先生が来ると
思っていたけど、
やさしそうな友達の
お母さんみたいな先生が教室に入って
きたので びっくりした。授業はとても楽しかった。
（先生が明るかったから）
一ヶ月 一回、また
こんな授業があるといいなぁ…
森本義久

「からっぽの」から発想する十二文字

面河村立面河中学校

ＮＨＫの『ラジオ深夜便』という番組で東京大学名誉教授・川本皓嗣先生（現・帝塚山学院大学教授）とご一緒した折、句会ライブと名付けた授業をしながら子供たちに『取り合わせ』の指導をしているのだということを具体例を交えてお話しした。

夏井　「（略）こんなふうにして、『取り合わせ』を指導しているんですが、現場の先生方は、かなり困惑されるんです。私が、子供たちに『取り合わせ』の作り方を教えますよね。子どもたちは要領が分かれば、どんどん言葉をスパークさせて楽しみ始めます。ところが、先生方はこうおっしゃる。この方法は言葉を弄ぶことになるんじゃないかと。俳句というのは、何か感動にぶち当たって、その感動をきちんと語らせなければならないのではないかと。学校現場での指導は、その頑固な思い込みとの闘いなんです」

川本　「他人のなさってることにコメントをつけるようですが（笑）ちょっとよろしいですか。子供たちに『取り合わせ』を教える、その方法は大変素晴らしいと思います。感動を語らなければならないというやり方には、皆もうとっくにうんざりしていることにまず気づかなければなりません。お話を伺っていると、更に確信が強まりますけれども、結局、俳句っていうのは意味からの解放だと思うんです。意味付けるってことが間違いで、なぜかっていうと言葉で説明できるような意味はもうとっくに、聞き飽きてますね。イマジズムっていうものが英米で非常に重視されたのも、新しいイメージのぶつかり合いで飛び散る火花を読者にぶつけ、後はそのままにしておこうということなのです。その場合、意味から入るといつでも意味があってイメージがくっついてくるんで月並みになるけれども、衝突だけでやれっていうのは、技術からやってるようにみえて実は詩の本質なんです」

川本先生のお話しを伺って、私の方こそ、更に確信が強まったのだが、『取り合わせ』の指導は、確かに一つの技術指導にすぎない。が、その技術通りに作ってみるならば、俳句という詩の本質をつかんだ作品が生まれ出る可能性が極めて高い。現に、句会ライブの現場では、そういう質の高い作品がどんどん生まれているのだ。たった五分という時間で。

ＮＨＫ教育テレビ『天才てれびくんワイド・俳句大賞』係には、二週間程度の募集期間で、毎回三千通に及ぶ投句がある。第一回『俳句大賞』の兼題の一つが「たんぽぽ」だったのだが、驚いたことに「たんぽぽはわた毛になって旅をする」という一言一句変わらない投句が二百通以上も届いた。子供たちの感性に、牡蛎殻のようにこびりついてゆく固定観念にぞっとし、これが俳句なのではないんだよと伝えて歩きたいと、そんな強い衝動にもかられた。

さて、話を句会ライブの現場に戻そう。今回訪れたのは、面河村立面河中学校。「山の中の小さい学校やが、句会ライブやってくれんかのお」と、懐かしい声で電話を下さったのは、新採教員だった頃の先輩・松下志郎先生。知らぬまに時は経ち、面河中学校の校長先生になってらっしゃるのだという。（現在は、愛媛大学附属中学校副校長）かつては同じ体育館で、男子バレー部と女子バレー部の顧問をし、練習が終わればバスケットシュート十本勝負で、その日のコーヒーを賭け合った仲ではありませんか。喜んで行かせていただきますとも、と小さな愛車を走らせたのは、青葉が風にさわぐある日のことだ。

小さな校舎の、風が吹き抜ける校長室で、シロウ先生と久しぶりの再会。先生の情報によると、生徒たちには俳句の実作指導をしているわけではないが、好奇心が強く前向きに学ぼうとする子が多いとのこと。ならば今日は、こんな季語当てクイズからスタートして、彼らの好奇心を大いに刺激してやろうではないかと、わくわくし始める。

第一部　『季語当てクイズ』で肩慣らし

小学生を相手にする句会ライブでは、俳句のゲーム性が大きな役割を果たしてくれるのだが、中学生ともなるとそれだけではなかなか食いついてきてくれない。『俳句』というだけで、二歩も三歩も引いてしまう。（勿論、これは大人にも言えることだが。）ひょっとすると、これは面白いかもしれないぞという感触を、最初の場面で植え付けてしまうのが、句会ライブの必勝法。毎回、あの手この手で彼らを一挙にこっちの土俵に引き上げねばならない。

はじめまして、の挨拶の後、こんな質問で接近戦？を図る。

「今日ね、俳句を作るんだって聞いて、ヤダなあとか、かたっくるしそうだなあとか、思った人いるんじゃないかなあ。ねえ、正直に教えて。先生から今日は俳句をするんだと聞いて、ウッワー！止めてくれェって、かなり気持ちが引いちゃった人、手を挙げてみて？」

数人が勢いよく手を挙げる。

「おっ、いいねえ。この正直さがいい。こういう時に反応早い人って、私好きなんだよ」

名札を覗き込みながら、一番早く反応した生徒に声をかける。

「オオニシ君、俳句、お嫌いですか？」

「いえ、そんなでもないです」

大西君の困惑ぶりに、早くも笑いが起こる。

「どこで引いちゃった？」

「あんまり馴染まないので、気が乗りませんでした」

「どうせなら英語の勉強でもしてた方がよかった？」

「いや、それも嫌かも」

こんな軽いやり取り一つで、場はぐっと和み始める。

「ちょっと遅れて反応した、こちらは誰だろう、（名札をのぞき込みながら）ドイ君ね、俳句お嫌いですか？」

「ハイッ！　俳句大好きですッ」

ドイ君の元気な返事に、生徒たちの笑いがはじける。彼のような元気な人気者を、早い段階で見つけることも、句会ライブを成功させるためのテクニックの一つ。そういう生徒は、どんどん利用させてもらう。

「今日はまず、季語当てクイズから始めようと思うんだけど、このクイズにはどうしてもアシスタントが必要なの。で、今日は、面河中学校きっての大声の持ち主、ドイ君にお願いしようかと」

言葉が終わらないうちに、「ハイッ！」という大声。ドイ君が、堂々と進んできて、私に握手を求める。思った通りのキャラクターである。一同はさらに爆笑する。小さな体育館の中に張り詰めていた緊張感は、もう跡形も残っていない。

□□□□□犬のことばがわかりきぬ

この□□□□□の部分に入る五文字の季語を当てるのが、今日のクイズだ。説明をしている間に、アシスタントのドイ君が『夏の季語集』のプリントを配ってくれる。生徒たちは、一斉に季語集とにらめっこを始めた。

「さあ、どんな季語が見つかったか、聞いてみるよ」

ドイ君に、出てきた意見を黒板に書いてくれるよう指示する。「ハイッ！」と元気な声が返ってくる。

「では、さっきから自信満々で、もう僕におまかせ下さいって感じのナカガワ君から、聞いてみます」

「はい、『夏木立』にしました」

「『夏木立犬のことばがわかりきぬ』ね。どうしてそれだと考えたの？」

「うーん、気持ちのいい風の吹く夏のォ〜木立のォ〜下にいるとォ〜（歌うような調子で）犬のことばがわかってくるような気分があります」

「私は、『夏の朝』です。まだ涼しい時間に犬の散歩をさせていて、そういうときなら犬の言葉も分かるような気がします」

「あっ、なるほど。夏の暑い時間になると犬の言葉どころじゃない、朝の涼しい時間だからそういう気持ちになれるってことね」

「では、リュウイチロウさん、お願いします」

「『夏休み』です。夏休みは家にいる時間が長いし、犬と過ごす時間もあるからです」

校長先生から、こんな意見も出る。

「私も、リュウイチロウ説に賛成ですね。長い夏休み、みんなが家の中でポケーっと寝転んでいるような様子が浮かんできました。犬の言葉がわかるなんて思ったことがなかったので、うらやましいような気持ちもあります」

「ハイッ！」

ドイ君かと思うくらいの元気な返事をしたのはフジイ先生。この学校の先生たちは、授業参観者ではなく一人の参加者としてどんどん切り込んでくるので、非常に小気味がいい。

『夏の海』だと思います。犬を海に連れて行くとほんとうに喜んではしゃぐんです。その様子を見てると、その言葉も分かってくるような気がするんじゃないかなあと」

「先生は犬を飼ってらっしゃるの？」

「いいえ、今は飼ってないんですが、かつて。…って言うか、うちの犬は鎖を外すとすぐどっか行って（笑）話にならんのですが、テレビとか見ると海辺をタッタッタッとか走っていって、うれしそうな表情をしているので、あんな感じを想像しました」

「はい、四文字なんで、『炎天や』にしました」

「おっ、ここに俳人が一人おりましたねえ。四文字の季語の時には、『〜や』という切れ字を使えばいいということを、ご存じとは」

「あの、暑ーい炎天が広がっているときは、犬も舌を出してハーハーハーハー言うて、自分が実際に炎天下におると、犬とおんなじようになるので、それでです」

「はい、『サングラス』です。犬にサングラスかけてやると、そーとー嫌がるから、言葉が分かるような気がする」

「それやってみたことあるの？」と聞くと、首をかしげつつもしっかりうなづく男子生徒。一同大笑いとなる。

「そりゃあ君ねえ、下手すると動物虐待って言われるんじゃないのかァ？　気をつけないと(笑)」

「私は『蠅たたき』だと思います。犬小屋のところに蠅がきて、その蠅を嫌がってるのが、とってもよく分かるから。蠅たたきで叩いてやりたくなります」

「今度は、一転して動物愛護。（笑）季語が変わるだけで、動物に対する姿勢まで変わってくるところが面白い」

「『船遊び』がいいと思います。犬といっしょに船の上で遊んだりしたら、きっと言葉も分かってくるはずです」

「そうか、犬と言葉を共有するってのは、やっぱり一緒に遊んでやるみたいな、一緒に過ごす時間を持ってるみたいな、そんなところに共通点が出て来る。たとえ、サングラスかけて虐待してるにしてもね（笑）」

「『夏の月』です。月に吠えるではないですが、月を見て吠えたくなるのが犬だと思うので、人間だって月を見たら吠えたくなるし…」

一年生のワダ君のこの発言に、一同爆笑。

「ちょっと待って。ワダ君は、月を見たら吠えたくなるの？」

「いえ、いつもではないです。（一同さらに爆笑）それと、もう一つ『水鉄砲』もそうかもしれないと思います。犬も人間も暑いと水浴びがしたいし、水鉄砲なら楽しそうだからです」

「なんだか、図式が見えてきたね。遊ぶとか時間を共有するってパターンと、『夏の月』をみる『夏木立』に立つといった感動、気持ちよさを共有するってパターンがあるのが分かってきた」

「たくさん出てきたから、あと一人ぐらいでノミネートを打ち切りたいんだけど。おっ、俳句には気乗りがしないと正直に語ってくれたオオニシ君、どうぞ」

「『夏の蝶』です。夏になって、蝶がはげしく飛ぶようになって、その蝶に対して心が踊っている犬」

「なるほど、これは感動共有パターンだね。夏の蝶をみると僕の心も踊るから、犬もそうに違いないと、そんな感じかな」

夏木立犬のことばがわかりきぬ
夏の朝

夏休み
夏の海
炎天や
冷奴
梅雨明け
サングラス
蠅たたき
夏の雲
夏の空
船遊び
夏の月
水鉄砲
扇風機
夏の蝶

俳句をこうやって議論し始めると、最初自分が考えてたのとは、全く違う読み方がどんどん出てくる。人の話を聞くと、なるほどと感心する。同じ十二文字なのに、いろんな季語を当てはめていくと、一句の世界がどんどん変わっていく。季語と残りの十二文字を取り合わせる効果に、少しずつ気づき始める。季語当てクイズは、こんなふうにして、彼らを『取り合わせ』の世界に誘導してくれるのだ。

「さあ、いろんな季語が出てきましたが、ひとまず、作者が『犬のことばがわかりきぬ』という十二文字のフレーズにどんな季語を取り合わせたのか、お伝えいたしましょう。正解は、これです」

夏休み犬のことばがわかりきぬ　　平井照敏

オオー！と、歓声があがる。

「リュウイチロウ君、校長先生、あなたがたが正解です！」

リュウイチロウ君はきょとんとし、校長先生はニヤリとする。

「今日は、私なんかが思いつきもしなかった季語も出てきて、そう『サングラス』とか『蝿叩き』とかね（笑）ほんとに面白かったんだけど、ひとまず第一部の『季語当てクイズ』は、リュウイチロウ君が見事に大正解ということになりました。彼と、彼の意見を指示した皆さんに、大きな拍手をどうぞ！」

第二部「からっぽの」から発想する《取り合わせ》俳句に挑戦

《取り合わせ》と呼ばれるテクニックは、さまざまなバリエーションがあるのだが、学校現場での句会ライブでは、その中でも最も基本的な型を一つ教える。

五文字の季語　＋　十二文字（七五）のフレーズ

十二文字（五七）のフレーズ　＋　五文字の季語

「十七文字の俳句のうち、上の五文字か下の五文字には季語が入るわけだから、皆さんが作るのはたった十二文字。四百字詰め原稿用紙三枚以上なんていう作文の宿題に比べりゃ、楽勝だよね」というのが、いつもの私の殺し文句なのだが、今回はさらに短いフレーズ作りを計画した。

五文字の季語

からっぽの□□□□□□□＋□□□□□

上五を、こう決める。となれば、作らねばならないのは、この五文字に続く、真ん中の七文字のみということになる。出来上がった「からっぽの□□□□□□□」という十二文字の下五には、『夏の季語集』からこれぞという季語を吟味し、取り合わせれば一句できあがりというわけだ。これは、「からっぽの」という同じ五文字から出発し、果たしてどれだけのバリエーションの句が生まれるのかという実験でもある。

説明の終わりには、こんなふうにクギを刺して、常套的な発想に陥らないよう配慮もしておく。

「このゲームをやる度によく出てくるパターンがあるの。『からっぽの僕のお腹や』とか『からっぽのサイフの中身』とか、こういうのはどこの学校でやっても絶対出てくる。でも、悲しいことに、どんな季語と取り合わせてもあんまりいい句にはならないのよね」

たったこれだけ言えば、もうこの手の発想は出せなくなる。

時間は五分間。限られた時間で作らせるのは大切なコツ。土壇場で出てくる思いがけない発想や、デタラメに作ってしまえという思い切りこそが、この稿の冒頭で川本先生がおっしゃっていた『意味からの解放』を具現化する切り札になるのだ。

「さて、こんなに短い時間で、こんなに沢山の俳句ができました。これから、私がゆっくりと二度ずつ読み上げます。いいなと思った句があればメモをしながら聞いて下さい。そして後で、好きな一句に、手を挙げてもらいます。…いいですか？　選ぶ時に、約束が一つだけあります。俳句の世界には、いくら自分の句が一番いいと思っても、自分の句を絶対に選んではいけないという鉄の掟があります」

「エエエーッ!?」

大袈裟な悲鳴に、爆笑が起こる。この日、制限時間五分で出来た作品を、いくつか紹介しておく。

からっぽの僕の心と夏の空　中川豊彦
からっぽの池の中にも青蛙　和田耕作

からっぽの幼い時間はもう終わり　西森杏里子
からっぽの親戚帰ったあとの部屋　高岡亜紀
からっぽの砂浜のビン夏の海　藤井　忍
からっぽの僕の脳みそ更衣　菅　亮太
からっぽの木造校舎夏休み　水田正志
からっぽのソングはゆずが作ったよ　中川隆一郎
からっぽのポテトチップス夏の海　兵頭直人
からっぽのポケットのなか夕焼け　和田成統
からっぽの瓶のなかはソーダ水　土居将平
からっぽの花生けの壷夏の月　伊藤綾野
からっぽの水辺にとまる夏の蝶　大西貴也
からっぽの夜空見つめて夏模様　木下勇樹
からっぽの宝の箱を見つけたよ　加藤一美
からっぽの目白の巣箱夏の空　菅　舞華
からっぽの大きいプール貸し切りだ　中川　藍
からっぽのお弁当箱夏の山　高岡広美
からっぽの洋服ダンス更衣　菅　百代

議論の楽しさを教えること（コミュニケーション能力の育成）が、句会ライブの目的の一つである以上、互選して終わりというわけにはいかない。なぜ、この句を選んだのかという選評を述べさせることは、非常に重要なことだ。選評力が身についてくれば、自然に実作力も向上してくる。良い作品を誉めるだけでなく、よい選評を誉めてやることが、『座』のレベルを引き上げる原動力ともなるのだ。

現場の指導をみていると、自作の俳句について、どこでどうやってどんな気持ちで作りましたと発表させる形式の俳句集会をやっている学校がある。が、俳句において自作を語らせるというのは、読みの広がりや深まりといった効果を自らドブに捨てさせるような手口。俳句が、作り手と読み手の共同作業によって、作品として生き残っていく『座』の文芸である以上、子供たちに自句自解を発表させるようなやり方は、是非とも避けたいものだ。

互選・選評が終わると、最後に私の方から『いつきさん賞』を発表する。互選に入ったものもあれば、全く一点も入らなかった句もある。良い作品だから取り上げるのは勿論なのだが、「なぜこの句が入って、あの句が落ちているのだろう」という疑問が、彼らの好奇心・向学心を刺激してくれることを期待しての、『いつきさん賞』である。

からっぽの水辺にとまる夏の蝶　　大西貴也

「これは、互選でも入賞したオオニシ君の句ですが、大変いい作品です。中七下五の『水辺にとまる夏の蝶』だけなら、ありそうな光景なのですが、『からっぽの』という上五から発想できるというのは、並の感性ではない。『からっぽの水辺』という表現は、作者の心の虚しさとも受け止めることができます。『からっぽの水辺』に降り立った夏蝶は、そこで一体なにを見たんだろう、何を感じたんだろうと、そんなことを想像してしまいました」

からっぽの僕の心と夏の空　　中川豊彦

「今日は《取り合わせ》の技をやってるわけなんですが、こんなふうに、『からっぽの』ものには『僕の心』と『夏の空』があるんだよ…と並べて取り合わせる方法もあるわけです。真っ青な『夏の空』と、何も映さない『からっぽの僕の心』、この空の青さに涙ぐむトヨヒコ君の姿に、深く胸を打たれますね。（一同笑）」

からっぽのポテトチップス夏の海　　兵頭直人

「まず、ポテトチップスを俳句にしちゃおうと思うところが、いい。この軽やかなスタンスがすでに俳人だね。あっと言う間に食べちゃったポテトチップスの筒っぽかな？　その筒のからっぽの感じが、夏の海の明るさや眩しさを際立たせてくれる。その『からっぽ』を寂しさと受け取る人もいれば、これからまた何かが始まる予感と受け取る人もいるだろうね。まっ、作った本人はそこまで考えてなかったかもしれないけど、(一同笑) 大変ユニークな句でした」

からっぽのお弁当箱夏の山　高岡広美

「これもね、山に行ってお弁当箱開けてみたらからっぽだった、チャンチャンっていうギャグのつもりだったのかもしれないけど、中身をすっかり平らげちゃったお弁当箱を考えると、夏の山の健康的な明るさや気持ちよさがストレートに伝わってきますね。『からっぽの』からお弁当箱と発想すると、ちゃちいオチになってしまいそうなのに、『夏の山』という季語がしっかりと機能しているから、作品として評価できるものに仕上がったということです」

からっぽの目白の巣箱夏の空　菅　舞華

「からっぽの巣箱の向こうに広がる『夏の空』の映像がきれいだねえ。何がよかったかというと、『目白』と鳥の種類を限定したこと。これによって、よりリアルな映像が、読者の側に手渡されるんだよね。さらに、目の前にあるのは、からっぽの巣箱だけなのに、作者はそれが『目白』のものであるということを知ってる。つまり、この句が成立するずっと前から、作者はこの巣箱を見つめつづけてきたのだということが、たった十七文字の中に読み取れるんだよね。明るい夏空とからっぽの巣箱のかすかな空虚さが響き合って、これも見事な作品です」

からっぽの花生けの壷夏の月　　伊藤綾野

「花を生けるための壷に、いま花が一本もないということを言ってるわけだけど、無いといいながら生けられた『花』の残像が見えてくるところが、テクニック。しかも『夏の月』という季語も、まことに玄人好みのニクイ仕上げ。ぼーっと赤い夏の月と、なにも生けてない『花生けの壷』、その二つのモノを一句の中にぽんと置いただけなのに、不思議な詩的世界が広がっていくんだよ」

からっぽのポケットのなか夕焼け　　和田成統

「『からっぽのポケット』のなかに『夕焼け』が広がってるなんてことは現実にはあり得ない。だけど、こうやって取り合わせてみると、何も入ってないポケットの存在の空しさっていうか、寂しさっていうか、そういうものが鮮やかに読み手の心に伝わってくる。勿論、からっぽのポケットをかかえて歩いている作者の背景に夕焼けが広がっていると考えてもいいんだけど、手を入れたポケットの中に夕焼けをつかんだと読むことだってできる。下五が、きっちりと五文字になってないのが多少気になるんだけど、この空虚な気分を字足らずのリズムが演出してるとも考えられる。詩人のワダ君に、もう一度拍手を送って、今日の句会ライブ、お開きにいたしましょう」

第四章　高校生はいかにして俳句と出会ったか

恋の俳句ボクシング『虎の巻』

恋の俳句ボクシングIN愛光高

私立愛光高等学校

レポート　八塚あづき（元国語科教諭）

俳句の世界において、「高校生」というのは空白の年代である。小学校・中学校時代は、各種俳句大会の公募だの文集を作らねばならぬだのと、生徒たちに無理やり作らせることも多い。が、これが高校となると、その機会は一気に減少する。減少どころか、全くその機会無く卒業してしまう生徒が圧倒的に多い。

そんな高校生に、どうすれば俳句の魅力を伝えられるのか。「こりゃ、なんだか面白そうだぞ」と食いつかせるためには、どんな手立てがあるのか。そんな模索の中から生まれたアイデアの一つが、この『恋の俳句ボクシング』の授業。古来から行われてきたゲーム『句合わせ』の、現代版恋愛編とでも名付ければいいか。

私自身も初めての試みとなる『恋の俳句ボクシング』を実施したのは、私立愛光高校。全国でも有数の男子進学校である。男の子ばかりのこの集団に、まずはこんな虎の巻を配布するところから、この授業は始まった。

1998句会ライブIN愛光高

第1回 恋の俳句ボクシング

レフリー　夏井いつき
対戦者　恋する愛光生たち

「俳人のくせに、あの人の思いつくことは分からん」と言われ続けて十八年、この春、夏井いつきがお届けするとびきり企画は、題して『恋の俳句ボクシング』！　一体、俳句でどうやってボクシングするのか？と頭をひねっている君たち、それはまさに見てのお楽しみということにしておこう。

サッカーを楽しむにはボールが必要なように、ホームランを打つにはバットが必要なように、俳句ボクシングにチャレンジするためには、まずは俳句が必要。というわけで、君たちにはひとまず一句ヒネってもらわなければならない。そこで「恋の俳句ボクシング」勝利のための虎の巻を、一足早くお届けしようというわけだ。強烈で、優しくて、ロマンチックで、切なくて、激しい…さまざまな恋の句を握って、リングに立ってもらえるよう、まずはこんな一句から。

シャワー全開君をとられてなるものか　藤川佐智子

なんとストレートな言葉だろう。シャワーの激しい勢いが自分の肌に叩きつけられているような気がする。「君をとられてなるものか」という思いもまた強烈だ。一度聞いたら二度と忘れないような口語の迫力。俳句にはこんな詠み方もあるということを、まずインプットしよう。

また同じタイプに夢中万愚節　黛まどか

月刊『ヘップバーン』という俳句誌（横書きのこの誌面には、女子大生やOLたちの恋の句がひしめいている）を率いて、今や俳句界のアイドルとなっている黛まどかの一句。季語は、「万愚節＝エイプリルフール」。恋をすると誰も愚かになって、一度やってしまった失敗を繰り返してしまうものなのだ。

季語が入って、五七五で、しかもこんなに自由な恋の俳句ができる。俳句と言われると「古池や蛙飛び込む水の音」くらいしか思い出せないなんて人の脳細胞も、だいぶほぐれてきたのではないかな？　だって、この人にもこんな句があるんだぞ。

落書に恋しき君の名も有て　松尾芭蕉

『奥の細道』の旅の途上、山中温泉で、北枝・曾良と共に巻いた歌仙の中の一句。歌仙とは、長句（五七五）短句（七七）三十六句を順番につなげていく共同作品なのだが、「ここではかならず春の月を詠む」とか「ここでは恋を誘う句を入れる」といった細かなルールに基づいて行われる知的な言葉ゲームでもある。だからこの句の場合は、本当の恋の句というよりは《恋の座》におくために作ったフィクション句だと考えてよいだろう。ともあれ、この句の作者名は意外や意外！　この程度なら僕にもできると思えてこないか？

さて、ここで実作のポイントを一つ。次の例句を見ていただこう。

サイネリア待つといふことときらきらす　　鎌倉佐弓
追伸の一行を恋ひ聖五月　　福田甲子雄

鎌倉佐弓の句を例にとってみよう。季語「サイネリア」とは、春になると色とりどりにさく鉢植の花の一つ。「サイネリア」と残りの十二文字「待つといふことときらきらす」は、意味の上では直接関係のない詠み方になっている。恋人に会えると思うと、待つという行為さえもキラキラとかがやいてくるという心の高ぶりを詠んだ句だ。「サイネリア」の色彩感もまた鮮やか。

五文字の季語 ＋ 季語と関係ない十二文字のフレーズ

このような作り方の俳句を《取り合わせ》と呼ぶ。福田甲子雄の句の場合も「追伸の一行を恋ひ」＋「聖五月」という構造になっている。「聖五月」とは、聖母の生まれた月・五月を表す新しい季語。追伸の一行には、どんな言葉が記されていたのだろうか。季語の意味を思えば、極めてプラトニックな恋愛のさまが想像されるのではないか。

取り合わせの句の面白さは、一見なんのかかわりもないような二つの要素がスパークすることによって生まれる新しい世界の出現。試みに、季語を入れ替えてみると少し違った恋の場面に様がわりしてしまう。

追伸の一行を恋ひ桜貝
追伸の一行を恋ひ大花火
追伸の一行を恋ひ黄落期
追伸の一行を恋ひ樹氷林

季語に何を語らせるか、季語から何を読み取るか、そこが作者と読者のかけひきでもある。さあ、こんな調子でひとまず、恋の一句を作ってみよう。この一句こそが、対戦者にガツンとくらわせる君のパンチ！　鮮やかなカウンター、重く響くボディーブロー、いろんなパンチを工夫して、当日のリングを賑やかに彩ってほしい。

『恋の俳句ボクシング』IN 愛光高

私立愛光高等学校
実況レポート　八塚あづき（元国語科教諭）

六月九日、俳人・夏井いつきによる、高一生対象の『恋の俳句ボクシング・句会ライブIN愛光高』の授業が行われた。愛光学園では、平成八年度、中一生対象に行われて以来、二度目の句会ライブである。

『俳句ボクシング』当日までのプロセスは、

①夏井いつきの「恋する愛光生」版の季語解説・俳句の作り方《虎の巻》を配布。

②これを参考に恋の句を一句詠み、提出。

と、至って簡単なものである。今回は、生徒の互選という過程が組み込まれていないため、当日は高一生の出たとこ勝負となる。国語の授業を利用しての『俳句ボクシング』五十分。果たして高一生は、俳句というゲームをどこまで戦い抜くことができるだろうか。

当日、ボクシンググローブ形の赤と青の札を、人数分持った夏井いつきが教室に現れた。

「黒板をリングと見立て、赤コーナーと青コーナーに一句ずつ俳句が登場します。限られた時間のため、リングに上がるのは夏井選の十句のみ。皆さんには、俳句の弁護とレフリーをしてもらいます。指名された人は、好きな俳句の良い点を徹底的に褒める。そして、それらの意見を参考にして、最終的に赤が勝ったと思えば赤い札を、青なら青い札を挙げて下さい。戦いの最後に勝ち残った句が、クラスのベスト1になる訳です」

『俳句ボクシング』の意味を理解した生徒たちは、どんな句が登場するか興味津々である。準備は整い、さあ、俳句ボクシング開始である。紙面の都合上、五クラス全ての模様を紹介することが不可能なため、まずは問題句続出のD組の実況をお送りする。

赤① 熱帯夜眠れぬわけはそれだけか 大西啓太
青② 夏休み野郎だけの海水浴 矢野喜一

「青は僕達の今の状況そのままで共感できる」「見た目にグッときた」と、青が優勢。しかし「『それだけか』に深さを感じる」と赤も反撃。「『眠れぬわけ』って何？」の問いに、「失恋して眠れないのでは」いや、「一緒に寝てるんだ」との問題発言も。果ては「故郷アフリカの『熱帯夜』を思い出して眠れない」との望郷の思いにまで発展。結局、「野郎だけの現実よりは、ある得るかもしれない希望にかけたい」との後押しに共感が集まり、赤の勝利となる。

赤①　熱帯夜眠れぬわけはそれだけか　大西啓太
青②　春の鳥俺の所に巣をつくれ　清水智弘

赤、第二戦。青は「きれいにまとまっている」『俺』と言い切った所が良い」と、まずまずの出だし。赤側の「意味が分からない」との批判には、「彼女募集中なんだ」いや「嫁に来い！とのプロポーズなんだ」と応戦。『春の鳥』は女性だという説が出たとたん、形勢は一気に逆転、青の勝利。

青②　春の鳥俺の所に巣をつくれ　清水智弘
赤②　雷が二人の中に落ちてきた　秦　周佑

青、第二戦。「赤は分かりやす過ぎる。単純はきらいだ」と、まだまだ青の優勢。しかし、「季語『雷』が、二人の間のただならぬ問題を暗示しているんだ」と単純説が覆された途端、「他人の不幸は面白い」と雪崩のような、赤の勝利へ。

赤②　雷が二人の中に落ちてきた　秦　周佑
青③　追いかける夏雲に似た君の影　森　啓明

赤、第二戦。「『夏雲に似た君』が分からない」、いや「分かり過ぎてクサイんだよ」と、赤優勢。ところが青から、「『影』がある女なんだ」「振った女の影に追いかけられているんだ。いわば俳句版ストーカー」とおどろおどろしい発言。爽やかなはずの『夏雲』が、暗雲となってしまうインパクトある解説で、青の勝利。

青③　追いかける夏雲に似た君の影　森　啓明
赤③　さぼてんをふんでしまったおれのあし　裏川絹雄

青、第二戦。赤の短冊が出た途端、どっと笑いが起こる。「どこが恋の句なんや！」とカウンターパンチ。しかし、『さぼてん』をふんだ意外性は、失恋の意外性なんだ」との意見から、赤側の反撃開始。「彼女の気にしていることを思わず言ってしまって、地雷を踏んだんだ」「付き合うまではおとなしい女だと思っていたのに、付き合ってみるとトゲのある女だった」と過去の女性経験を思わせる発言も登場。赤の勝利。

赤③　さぼてんをふんでしまったおれのあし　裏川絹雄
青④　草餅をちぎってあげる相手なし　小松輝大

赤、第二戦。「彼女のいない状況には同情する」しかし、「どう考えても老人の恋愛のよう」とあえなく敗退。赤『さぼてん』が、初めての二連勝。

赤③　さぼてんをふんでしまったおれのあし　　裏川絹雄
青⑤　うるさいな恋とかいうなあぶらぜみ　　米田浩平

赤、第三戦。『草餅』に続く大爆笑。赤の圧倒的勝利と思われたが、「振られた後、女の子が恋の話でキャアキャア盛り上がっているのを横目でみて、イライラしている」との柴崎発言を皮切りに、「女と縁のない男の哀しみだ」「良い季節なのに、なぜ一人なんだー！という叫び」「蝉しか相手をしてくれないなんて、究極の悲哀」と説得力ある発言が続き、青の勝利。赤からは「柴崎効果や!?」との野次も飛ぶ。

青⑤　うるさいな恋とかいうなあぶらぜみ　　米田浩平
赤④　気がつけばどこかへ飛んでた桜の実　　山岡久紘

青、第二戦。「結ばれそうだったのに、咲く前に駄目になった恋」「『桜の実』で、相手の可愛らしさがでている」と、なかなか健闘したものの、『あぶらぜみ』への強い共感の前には立つ瀬なし。青、二連勝。

青⑤　うるさいな恋とかいうなあぶらぜみ　米田浩平
赤⑤　初恋の冬の花火は不発弾　立石賢司

青、第三戦。トリは『あぶらぜみ』vs『不発弾』の一騎打ちとなった。「不発弾！」叫びとも笑いともつかない声が起こる。「『不発弾』が冬にマッチしている」「初恋はしたものの、何も起こらなかった寂しさ」「忘れられない思いが『不発弾』として残った」など、力強い意見が続出するが、実感のある青も、一歩も譲らない。恋の句に『不発弾』という言葉が使われた意外性だろうか、僅差にて『あぶらぜみ』惜しくも敗退。

混戦の末、栄えあるD組の第一位には『初恋の冬の花火は不発弾』が輝いた。

その他のクラスでは次のような俳句が話題となった。

私《わたくし》は狼だけど赤とんぼ　A組　渡邊啓太

「『狼』というのが愛光生によくあっている」「『狼』の貪欲さと『赤とんぼ』の軽さを合わせ持っているという意味だと思う」「口説き文句なのか？」いや「心情の問題だろう。」

風車晴れすぎた空涙もない　B組　木村　忍

「畳み掛けるリズムが良い」「涙が乾くほど風が吹いているに違いない」「涙も出ないほどの哀しみに共感できる」「気持ちは曇っていて悲しいのに、なんて青い空なんだというつぶやき」

　春過ぎて歯ブラシ二つ僕の部屋　　　B組　高亀則博

「大人であるはずの主人公が、『僕』と言っているのが不思議で良い」「不純です」「その不純さが良い」いや、「この歯ブラシは母親の歯ブラシかもしれない」「ガランとした部屋に歯ブラシ二つしかない寂しさだろう」

　春の雷あんたあの子のなんなのさ　　　B組　村上　淳

「季語『春の雷』が修羅場にピッタリはまっている」「男一人と女二人がいるのだろう。女が男に『あんたあの子のなんなのさ』と言っているシチュエーションは謎だが、何故か心惹かれる」「歌詞のパクリであろうがなかろうが、とにかくエネルギーの勝利」

　あこがれの君があいつとチューリップ　　　E組　坂根淳也

意味深な笑いが教室に広がる。
「みんな『チュー』という一言で笑っているんだろうけど、この句の中の助詞『が』を『と』に変えてごらん。全く違った句になるよ」

朧月雲を散らして春嵐《メイストリーム》　　C組　村上雅文

「分かりにくい」「『メイストリーム』なんて気取り過ぎ」との批判に「恋の奥深さを語っているんだ」「身を散らすほどの恋なんだ」。それなら、「『雲』と『春嵐』はつながりがありすぎるので、『身を散らして』に変えたほうが良い」と添削まで出る始末。「恋愛の泥沼を表現するなら『身〜』にすべきだ」いや、「『雲〜』のほうがスケールが大きい」と、論争は果てしなく続く…。

サルビアのまぶしいなかに君もいて　　C組　岡本史明

「『君』のまぶしさを言っている」「『サルビア』のような女だったのでは」「僕なら百合のような女が良い」いや、「蘭なら納得できる」と、論争は女性の好みへと果てしなく脱線していく…。

春愁ひポストの前に立ちつくし　　E組　津野悠貴

「ラブレターを出そうか出すまいか、迷っている気持ちが良く分かり、共感できる」「『ポスト』という言葉に孤独感が出ている」しかし、「そんなことしている間に誰かに取られるよ！」と力強い指摘も。夏井いつきから『春愁』という季語と、恋の迷いの心情はかなり近い。『星月夜』『夕立の』など、迷いとは関係のない季語を入れると一句の世界はさらに広がるよ」とのワンポイントアドバイス。

『恋の俳句ボクシング』参加者の声

◆人の作る俳句を見て、あっコイツこんな句を詠むのかと驚いたり、アイツきついこと言うな、と目を見張ったり、とにかく俳句を通じて皆の違う面も見ることができ、本当に充実して楽しめたと思います。（A組　真鍋遼）

◆授業を受ける前は、俳句なんて興味もなかったけれど、十七文字の言葉であんなに面白く遊べることを知り、《俳句の缶づめ（学生のためのFAX通信句会）》にも参加してみようと思っています。季語一つによって世界ががらっと変わる事や、言葉の柔らかさ、固さによっても雰囲気が違ってくることに驚きました。あのような授業が増えればいいなと思います。（B組　橋本征紘）

◆授業内容も、思っていたものよりずっと楽しかった。あれなら六時間ずっとやっててもつかれないと思う。しかも、とても有意義な時間だった。日本の学校は勉強ばっかりだけど、アメリ

カみたいにまずその勉強に興味を持たせるために、こういう楽しく学べることが必要だと痛感した。（C組　植松信輔）

◆前まで学校で習っていた俳句とは、文法事項や内容解釈などの「勉強」でしかなかったけれども、昨日の授業はそういうところに捕らわれず、もっと俳句を「楽しめる余裕」があって良かったと思います。やはり何事も好きにならないと上達しないもので、もっと普段の勉強も、「こういう所が面白いんだ」という所があれば自然と好きになれるものだと思います。そういう意味でも、昨日の授業は興味深いものでした。「勉強もおもしろければ好きになる」（C組　辻田洋一）

◆授業を受けるまで「俳句」は堅苦しいイメージがあったのですが、ゲームみたいですごく身近に感じるようになりました。僕は俳句はなんで季語がいるんだろうと面倒臭さを感じていましたが、季節を表すだけでなく、作品の世界がもっと広がって、句を引き締めることが分かりました。今度はクラス全員の句でボクシングをしたいです。（C組　原健司）

◆いつもは男の教師ばかりが目の前に立ち、黒板を通して技を盗む。しかし、今回の授業は夏井先生が特別講師。教室中を歩き回る。発表中の生徒の横まで行く。女性ならではのパワーなのかもしれない。多数決制の勝ち抜き戦もユニークでよかったと思います。新鮮さがストレス解消となり、全てがプラスとなりました。（D組　森川大和）

◆今まで俳句は難しくて、堅いイメージがあったが、昨日の授業には全くなかった。最初受ける前は、俳句なんかで何ができると思っていたが、授業の後、脳が柔らかくなった。恋の俳句だから盛り上がったのだろうか。いろんな考えが入り交じって面白かった。別に松尾芭蕉や小林

一茶だけのものではないのである。(D組　廣岡慧)

◆俳句は人それぞれ違う読み方があって、自分で書いたときには思ってもみなかった読み方をされ、それにとても説得力があって、書いた本人も「そういう気持ちで書いたのかも」と思ったくらいでした。たぶんそれが俳句の一番の面白さだと思います。(D組　大西啓太)

◆俳句というものは「天才」だと思う。どんないい俳句であっても、自分なりの解釈ができなかったら、それはただの文字に過ぎない。しかし、それを自分なりに解釈したその瞬間、その十七文字は生命を持つ。十七音では表せない世界がどこまでも広がる。それはあたかも「天才」と「バカ」の関係のようである。とても面白かったです。(E組　窪田智之)

◆ぱっと見た時は、くだらないと思った句でも、誰かがうまい解釈を教えてくれただけで、とてもさわやかに思えたりするのに驚いた。また、助詞を一文字変えただけで句全体の印象が変わってくるという不思議さも味わえた。ただし、男子校で恋の俳句というのは、クラスの大半が寂しい思いをするだけであり、悲観的になりがちなので、無理があったと思う。(E組　永井祐二)

◆一句一句に多くの面白いコメントをつけていただいたり、句を作る時のテクニックを教えていただいたりして、とても楽しかった。僕は俳句を作るのが下手で、どうしても俳句になじめなかったが、この授業で俳人に一歩近づいたような気がする。(E組　横田和也)

(愛光学園広報『INTERNOS』(インテルノス)1998年夏季号(第29号)掲載)

第五章　俳句の授業を語る

俳句の授業(1) 夏井いつきの場合

俳句新聞『子規新報』編集長　小西　昭夫

夏井いつき

俳句の授業(2) 教科書をめぐる問題

愛媛大学教育学部教授　三浦　和尚

小西　昭夫

夏井いつき

俳句の授業(1) 夏井いつきの場合

俳句新聞『子規新報』編集長 小西昭夫
夏井いつき

◆鑑賞中心だった俳句の授業

小西 夏井さんは、中学校の国語の先生をしてたんだけれど、最初に俳句の授業をしたときは、まだ俳句を作ってなかったんでしょう?

夏井 新採のときは、作ってなかった。

小西 その頃の俳句の授業はどんなふうにやってたの? やりやすかったとか、やりにくかったとか。

夏井 あまり、そんなこと考えてなかったけど、説明文とかの授業よりはずっと好きだった。説明文を読んでまとめさせていくなんてのは、苦手な授業だったけど、俳句はいろんな読み方ができるから面白くはあったの。ただし、今考えると、作らせるという視点でした授業は一回もなくて、それをどう読むかという…。

小西　なるほど。鑑賞中心の授業だったわけだ。自分が作ってないからね。

夏井　そうそう。鑑賞することしか思いつかなかった。

小西　作らせるということ自体を思いつかなかった？

夏井　子規顕彰俳句大会とか外部のコンテストとかよくあって、宿題で「作ってきなさい」とは言ってたんだけど、それと授業を連動させようという発想はなかったね。

小西　授業は授業、宿題は宿題ということですね。自分で俳句を作り始めた後は、生徒にも作らせ始めたんですか？

夏井　とんでもない。自分が作ることと生徒に作らせることとは、まるっきり別だった。

小西　じゃあ、与えられた俳句を鑑賞の教材としてこなしていくという感じ？

夏井　己がちょっとだけ俳句をかじり始めても、全くそのスタンスは変わらなかった。

小西　で、実際作らせてみようと思ったのは、いつ頃から？

夏井　あのねえ、お恥ずかしい話だけど、私、学校の先生やってるあいだ、全然思わなかったの。

小西　教員は何年ぐらいやったの？

夏井　十年くらい。

小西　じゃあ、その間に作らせてみるということは一度も無かったわけか。

夏井　うん。もちろん、外部からの募集はしょっちゅうあって、ほらなんせ俳都・松山だからね（笑）、生徒に作って持って来させるっていうのは毎年のようにやってたんだけど、良いとか悪いとか選ぶだけ。悪いのをどうすれば良くなるかとか、そういう指導のようなものは、一切したことなかった。まっ、そのころの私にそういう実力がなかったってことも勿論あるんだけど。(笑)

小西　どこが良いとか、どういう視点で作れとか、そういうことは全くなかったわけね。夏井さんの場合は、中学校の先生だったんだけど、やっぱり授業の進度とか高校入試とかが気になった?

夏井　と言うか、その頃は、俳句を教えるって言うのはイコール鑑賞することだっていう図式がガッチリあって、指導書にももちろん最後の方に、じゃあ作ってみましょうみたいなのがポロッとありはするけど、ほんの付け足しの一行二行。指導書は、鑑賞中心の記述しかないし、鑑賞中心の時間配分しかないから、そっちに発展させて実作を充実させようなんて、そんな発想すらなかった。

小西　学校によっても違うと思うんだけど、他の先生と横並びでやらんといかんってのがあるんでしょう?

夏井　あるよ、もろちん。

小西　なんか試験問題一つを作るにしても同じ問題を作るとか、そういう独自の授業がやりにくいっていうのはあるの?

夏井　それはあるよ。

小西　十年間の間は、そういうのに制約されてた?

夏井　決められた時間の中でどう教えるかは、私のもんだけど、与えられる教材と時間という制約があるから、それは常に付きまとってくる。

小西　やらんといかん教材をこなしてたら、実作の時間なんかは実際問題としては無いわけよね。

夏井　それも勿論、あったよね。でもね、今思ってみると、そういう発想そのものが無かったという思いの方が強いかなって。

小西　じゃあ、いろんな学校での句会ライブや、久しぶりに愛大附属中の講師をして教壇に立ったりして、初めて実作の授業を始めたの？

夏井　うん、それが初めて。

◆俳句授業の仕掛け

小西　実際に実作の授業を始めてみて、最初に考えていたことと、実際の授業とのギャップみたいなのはなかったですか？

夏井　四年前に動き出した最初の『俳句甲子園』構想がダメになって、つぶれた時があったよね。それからの出発なのね。発起人会まで持っていってたのに、敢え無くつぶれたことが、すごく悔しくて、でも私にできることと言えば、もう草の根運動しかないな、コツコツ種を蒔くことしかないなって、思い直して。じゃあ、何を蒔けばいいんだろうと考えたら、やっぱり俳句の作り方を教えること、俳句の楽しさを教えることしかないっていう結論になった。どこの学校に行っても、当然ながら初対面の子供たちが待ってるわけだから、一応いろいろと策を練って、小道具なんか用意したりして行くの。（笑）最初にやらないといけないのは、子供たちが持ってる、俳句に対するイメージをぶち壊すこと。俳句って小難しいとかつまらんとか宿題でやらされるとか、そういう思い込みをぶち壊す仕掛けを一つ、それから確実に一句作れるというテクニックを一つ。その二つを仕込んで出掛ける。

小西　どっちか一つではダメなんだ。

夏井　うん、そう。楽しくワアーって子供たちを乗せてしまうだけでは、その場の「ああ、楽しかった」で終わる。楽しんでやってるうちに、「おおーなるほど」って、本人たちも気づかないうちに、キッチリと学ぶべきことを学んでしまっているという仕掛けがないと、今度は先生たちが納得してくれない。（笑）それじゃあ、二度と呼んでもらえなくなる。（笑）

小西　その俳句は小難しいという固定観念を打ち破るアイデアっていうのは？

夏井　最初に行ったのは、どこだったかな。愛光中学か。あの時は、一時間の授業時間の中で、という時間の制約があったから、そんな悠長なことはしとれんかった。でも、いろんな小学校や中学校を回り始めるようになってからは、ゲームとかクイズとかそういうものを用意しておくの。一緒にワイワイやってるうちに、私と子供たちとのコミュニケーションを作り上げることも出来て、一石二鳥ってヤツね。

小西　そのクイズの例っていうのは？

夏井　えーっとね、いろんなものを持って行って、シャボン玉とか風船とか花火とか下駄とか蚊取り線香だとか（笑）季語とは全然関係ないものとかも持っていって、で、季語当てクイズしたり。甘納豆持ってってって、みんなで食べたり。（笑）

小西　だいだい季節のものを持っていくんだ。

夏井　うん。それとかね、お正月あがりにやった時はね、新年の季語クイズとか言って、「『嫁が君』って季語があります。この季語は次の内のどんなものを指している季語でしょう」って、私が勝手に選択肢を四つほどデタラメに考えてね。その時は、ちょうど自由参観の日で、お父さんとかお母さんとかも来てて、先生たちもゴチャゴチャになって、正解だと思う場所に移動してもらったりして、盛り上がった。五問ほどやって、全問正解の子供もいたりして、もう大拍手。

小西　なるほど、そんなふうにして、さあ次は作ってみましょうってことね。

夏井　そうそう。

◆感動を言葉にする信仰

小西　作りましょうになったら、次はどうするの。

夏井　とにかく、『取り合わせ』の作り方を1パターンだけ教えるの。

小西　なるほど。一句まともな句が出来るってのが『取り合わせ』になるわけね。で、季語を見つけて作りましょうってことに？

夏井　それはね、幾つものやり方があって、私も実際にいろいろやりながら手持ちのアイデアを増やしていったんだけど。その学校の人数や、与えられた時間や、どのくらい俳句に馴染んでいるか、何回目の句会ライブなのかとか、そういうのを考えながら、その現場に応じたやり方を毎回工夫してる。

小西　やってみて苦労してることってある？

夏井　ある学校の例なんだけど、その学校は先生たちもとっても熱心で、子供たちも楽しんで沢山作ってるんだけど、イマイチ『取り合わせ』の技法が伝わってないの。愛媛新聞で私が選をしてる『集まれ！俳句キッズ』にもたくさん投句してくれるんだけど、あれ～？って感じ。どこがマズイんだろうと、いろいろ反省しちゃってね。

小西　何でだろう？

夏井　それがね、その学校に二回目におじゃまして、その日の句会ライブが終わった後、先生たちと意見交換する時間があったのね。そこで、なるほどこういう事だったのかって真相が分かった。特に、俳句指導に熱心な先生がいらっしゃって、その先生からこんな質問が出てきたの。「自分のクラスでもやらせてるんですが、『取り合わせ』の技法っていうのは、ただの言葉遊びになるんじゃないかと心配なんです」って。子供たちが感動もせずして、十七文字を小手先で作り上げるようになるんじゃないかって。

小西　はあはあ、そこに不安を感じるってことか。

夏井　あーそうか、現場の先生たちはこういう不安を持ってたのか。取り合わせをやると子供たちは、言葉を自由自在にジャンピングして楽しんでるのに、要は先生たちが納得してないから、それを率先してやらそうとしてなかったのかって。

小西　それはあるだろうな。写生の方が分かりやすいよね。見たものを見たままに書きなさいって方が。それで作らせる方が簡単だよね。

夏井　うん。そっちの方が子供らの感動がストレートに出てるとか、心があるとか、そういうのが強い信仰としてあるというのに、その時初めて気がついた。そういう反応ってね、先生対象の句会ライブなんかをやるときには全然感じなかったの。先生たちは、その場のノリで取り合わせの句を作って、ワイワイ皆で議論することを楽しんで下さるのね。でもそれを学校現場に持って帰って、どういかして下さるかなって思うと、そこで教育者として立ち止まるみたいなの。こんなんでいいんだろうか。確かに楽しかったけど、俳句ってこういう教え方をしていいんだろうかってね。

小西　あー、なるほどね。

夏井　感動なくして、俳句を作ってはダメなんじゃないかって。

小西　それで、先生たちを納得させる手立ては何かできた？

夏井　完全に出来たとは言えないけど、「感動なくして…」と言ってきた二人の先生と校長先生、教頭先生たちとその日は議論になったわけ。で、議論しながら、言われてみりゃあ、私も現役のときには確かにそう思っていたと。それって、一見正しそうに聞こえるじゃない？　感動なくしてどーのこーのって台詞。ただの言葉遊びにすぎないっていう考え方。あっ、でもそうじゃないんだよってのを、今、逆に痛感しててね。

小西　そうだよね。作った後から感動が出てくるっていうことは山のようにあるもんね。その辺のことが、『坪内稔典の俳句の授業』にも書いてあるよね。

夏井　うん。実際に子供たちに俳句を教えるようになって初めて、気づいたの。言葉を教えてるくせに、実作となれば、なぜか『感動から言葉』のワンパターンなの。それも信仰に近い頑固さ。鑑賞の場合は、必ず言葉から感動へいくのに、実作の場合には、まず感動ありきという公式が、ガアーンと鉄の壁みたいにあるのね。実作だって、言葉から感動につながることはあるはずなのに、何でこんなになったのかなって。その先生たちに、一生懸命説明はしたんだけど…。

小西　それって近代の弊害だよね。感動があって詩ができるとか、嘘をついてはいけませんなんてのは、典型的にそうだよね。それを崩していったのが、昔から俳句の世界だったんだから、そこへ近代のまじめさを持ち込んできたから窮屈になった。

夏井　例えば、先生が学校や学校の行き帰りに、ムッチャ感動したなんてのが、日々ありますか？　日常生活の中で本当に感動して、これはどうしても言葉にしなければならないと思う経験なんて、そんなものが日々雨あられと降ってくるわけないじゃないですかって。

小西　逆に、ムチャクチャ感動したことってのは言葉にならないのかもしれないね。ああ！とか感嘆詞で済んでしまうかもしれない。

夏井　うん、芭蕉さんでさえ、ああー松島やってな具合だったんだから（笑）

小西　だから、逆に言葉にできる感動というのは、たいしたことないのかもしれないね。

◆取り合わせと写生

夏井　今、私が子供たちに教えているのは『取り合わせ』という技術なんだと。変な例えだけど、剣道やバレーボールやサッカーでも技術を知らなかったら、そのスポーツ自体を楽しめないでしょ。で、『取り合わせ』っていうのは俳句の中の一つの技術なんです。バレーボールを楽しむためには、サーブとかレシーブとか、まずそれを知らないとダメでしょ。サーブが入らない、相手のサーブがレシーブ出来ない、ではバレーボールの面白さは味わえない。『取り合わせ』ってのは、そういう技術の一つなんですよって。だから、今やってることの先に、素晴らしいラリーが続いたりとか、自由自在に言葉を操れたりとか、そういう感動が生まれるんですよ。でも、今この技術を知らなかったら、そこまで行き着けないっていう風に考えられませんかねえって、そんな風に話したの。先生方は、ああそうか、なるほどという言い方はして下さったけど、その感動から言葉への信仰を、どのくらい崩せたかは自信ない。

小西　なるほど。すごく分かりやすい例えだったけど、ぼくの小学校時代を思い出してみると、感動うんぬんをいう前に、見たものを見たままに書けといわれたような気がする。少なくとも、教える側が写生を一番作らせやすいと考えていたのは間違いないよね。

夏井　それはもう大いなる間違いやと思う。

小西　それ、間違いかどうかは分からないよ。それでいい句ができる可能性あるから。

夏井　できないできない。

小西　えっ、じゃあ、夏井さんは自分では写生派俳人を名乗ってるけど、写生は駄目な方法なの？

夏井　違うの。学校現場における指導法として考えた時にね、見たものを見たままに書きなさいっていうのは、教える側が言いやすい指示の仕方なのね。でも、そういうふうに言われた子供たちにとって、それが最善の教えられ方かというと、それは違う。その方法は、実はとてつもなく難しい方法なんだよ。まだ一、二年生の頃は、それでもいい。見たものを見たままに書きなさいっていうんで、子供らしい見たまんまが詩になってたりする。先生たちも、それに満足する。でも、例えばね、カタツムリさんは三年生になっても四年生になっても、いつも濡れた葉っぱの陰でお昼寝をしてる。五年生になっても六年生になっても、ヒマワリさんはおひさまを見て笑ってるんだよね。子供たちに、それでもじっと見てれば発見があるはずだから、凝視しなさい、なんて、そりゃあ酷というもの。ネタも尽きてくる。

小西　ネタが尽きてってていうか、見なくなるんだよね。おそらくは。もう見て知ってるって。

夏井　自分達が、学校とか自分の生活のエリアで、見たものを見たままに書こうとすると、毎年見るネタでこれ以上どうせえっちゅうんやって感じで、もう行き詰まってくる。そんなことを六年間言われつづけたら、俳句が嫌いになっても当たり前。彼らはプロではないんだから、写生が一番だなんて言われ続けるのは、苦行だよ。現場の先生たちは、高学年になると感性が鈍ってきて俳句ができなくなるって信じてるけど、どこの学校に行ってもそういうふうにおっしゃる方が必ずいらっしゃるけど、それは全くの大間違い。これは、いろんな学校を回ってみての、私の確信だよ。

小西　変なこと言ったら笑われるといった意識が高学年ほど、でてくるじゃない。だから、人が見たように見ておこうということになるんだよね。それが写生の弊害だけど、写生はもともと俳句に新しい詞を持ち込むための仕掛けだし、人が見たように見ようというのは、本当は写生とは反対のことなんだけどね。

◆言葉から感動へ

夏井　そんなこんながあってね、もう一度『取り合わせ』の指導ってのを、考え直してみようと思って、こんなことを附属中の授業の中で実験してみたの。まず「からっぽの」という上五を提示する。その下にどんな七文字がつくか、連想ゲームをしたの。「からっぽの」という一語からどんなバリエーションが出現するか。あっ、その時にね「からっぽのお腹」とか「からっぽの財布」とか「からっぽのごみ箱」とか「からっぽの頭」とか、すぐに思いつきそうなネタを私が先に塞いじゃう。

小西　それを言っちゃいけない。

夏井　いけないっていう風には言わない。「すぐ出るんだよね、こういうのが。絶対出る」って、最初に塞ぐの。そしたら、子供たちは、もうそのネタは使えないってことになるじゃない？その上で、連想を違った方向に広げさせるの。そりゃあもういろんなのが出てきた。銀河系、人体模型、フラスコ、私の心、交換日記だとか、とにかくいろんなのが出てきた。で、「からっぽの」という一つの言葉からこれだけの世界が出現するって、ダーッと黒板に並べて。

小西　季語的なものは中七には入れてはいけない？

夏井　そうそう。五分もあれば、さまざまな十二文字の世界がたちどころに出てくるわけ。じゃあ、これに季語を取り合わせてみようかって形で、『取り合わせ』を納得させようとしたの。子供たちは結構飲み込みが早くて、冷たい感じの十二文字には、冷たい感じの季語をもってきたり、あるいはその逆に対比させる季語をもってきたり。まあ、ちょっとベタ付きに近いものはあったけど、近いってことが分かって初めて、少し離すことも理解できるわけだから、それはひとまず良しとして。とにかくイメージにあった季語を入れていこうってことで作らせたの。そしたら、「今まで自分が宿題で作っていたのは、あれは俳句ではなかった」とか「いきなり自分のものではないような俳句が出来て、自分で驚いている」とか「これならば、俺は次の宿題の俳句が五分で出来るぞ」とか、いろんな感想が出てきて、ワーヤッター大成功！って。（笑）その時に、参観に来て下さってた国語科の先生たちも「あの方法、特許でもとっといたらどうですか」「皆、真似しますよ（笑）」って言って下さって、「いや、真似してもらっていいんです」って。「じゃあ、次はどうするの？」って言うから「次の手を考える」って（笑）

小西　聞いてるだけでワクワクしてくるね。もっといろいろ聞きたいけど、紙幅が尽きてしまいました。来月、もう一度、愛媛大学の三浦先生にも加わっていただいて、『俳句の授業』について考えてみましょう。

（俳句新聞『子規新報』1999年5月号掲載）

俳句の授業(2) 教科書をめぐる問題

愛媛大学教育学部教授 三浦和尚
俳句新聞『子規新報』編集長 小西昭夫
夏井いつき

◆肯定されない多様な読み

小西　今日は、三浦先生に加わっていただいて、中学校の俳句の教科書をめぐる問題を考えてみたいと思います。よろしくお願いします。

三浦　教育出版が採用してる坪内稔典さんの『俳句の楽しさ』という教材は、話としては面白いけど、あれは俳句ではないという発言も現場では、根強いんです。こういう俳句に対する考えをひっくり返していかないとしょうがないと思う。

小西　教育出版の坪内さんの教材というのは、河馬や甘納豆の俳句やエピソードを紹介した後、俳句はいろんな読み方ができる点で言葉の多義性を豊かに発揮し、いろんな読み方をぶつけ合うことがわれわれの認識や感覚を広げてくれる。そこに、俳句の楽しさがある、という内容ですね。

三浦　芭蕉のワビ・サビとか、おじいさんが墨で短冊に書いてるってイメージ、あれが子供にも教師にもこびりついてる。

夏井　いろいろな読み方ができるってことに、教える側のとまどいがあるのかなあ？

小西　今回、中学校の俳句の教科書を四社分見せてもらうことが出来たんだけど、どの教科書も、やはり『読む・鑑賞』の側に大きなウェートがおかれています。でも、例えば子規の「いくたびも雪の深さを尋ねけり」の句をとりあげた教科書では、「病床にある作者は、しんしんと降り積もる外の雪を見ることができません。ただ、『どんなふうに降っているのだろうか、今どのくらいの深さにまで積もったのだろうか』などと、あれこれ思いをめぐらして時間を過ごしています。そこで家人にしつこいほど何度も雪の様子を尋ねてみるのです。『いくたびも』の助詞『も』が、それを物語っています。また、切れ字の『けり』には、雪を見られない悔しさと、さみしさが込められています。」という解説があります。つまり、この句は病床のものであるという前提で「読み」の正解を押し付けているという側面がある。この教科書では、いろいろな読みを最初から拒否してますよね。

夏井　実は私、講師をしてる看護学校の学生に、この句を鑑賞させたことがあるの。勿論、作者名をつけて提示したんだけど、県外から来てる学生は、正岡子規って誰や？みたいなとこがあって、知らない学生はほんと知らないんだよ。だからこの句に対する彼らの素直な反応はね、「明日は、待ちに待った彼とのスキーの日で（笑）、雪が気になって何度も何度もどのくらい積もった？って尋ねてみてる」とか、「新しい長靴を買ってもらった子供が、雪の中を歩きたくてたまらなくて、お母さんに何度も雪の深さを尋ねている」んだとか、いろいろでてくるんだよ。

三浦・小西　それっていいなあ。（笑）

夏井　子規を知ってる学生は、勿論、病床の句として読んでるんだけど、逆に、子規を知らない学生たちは、この句のどこからそんな読みが出てくるの？って不思議がるの。

三浦　文学を読むという時に、作者論的な読みになってしまうということはある。作品そのものや、文字や言葉、そこから読者の中に何が浮かんでくるのか、その方向に全体が行ってるはずなのに、俳句の教材になると、なぜか逆行してしまうのか、背景から読むというやり方。

小西　評価の問題があると思う。特に、ペーパーテストの評価。いろいろな答えを許容する答案ほど採点しづらいものはないですから。一つの答えがほしいという教師の側の都合があると思う。

三浦　他の教科には答えがある。教師も生徒も、答えがあると安心するんでしょう。この句の背景は？という問いは便利だし、子供も納得する。さっきの子規の例をとれば、病床にあって…という情報で作品を読ませてよいのかという疑問は、やはりある。この言葉から何が読みとれるのか、という方向へとゆくべきだと思うんだけどね。

小西　僕は国語の教師ではないんだけど、授業で俳句を作らせることがある。『現代社会』という科目の『日本文化』の教材として。国語の教材ではないので、作品の善し悪しは二の次ですが、句会のまねごとをします。友人の作品を選んだり、自分の俳句をだれが取ってくれるかというのは、生徒には、とても楽しいみたいです。でも、なぜその句を選んだかと聞くとほとんど作者の意図とは違っている。実は、それがぼくの狙い目で、まさにこれが俳句という形式なんですね。俳句は短いので必ずしも作者の意図通りには伝わらない。それは、悪く言えばでたらめさ、あいまいさなのですが、よく言えば開放性。それが俳句だけでなく日本文化の一つの特徴。ぼくの授業では、俳句という形式を使ってこの日本文化の特徴を教えるんです。でも、以前にこの授業を研究授業でやったら、俳句はそういうものではないのではないか、あいまいさを拒否して書くのが俳句ではないか、という抵抗感を示されたのは、やはり、国語の先生でした。

◆教科書の俳句

小西　生徒と教科書に出てくる俳人たちとの年齢のギャップも問題じゃないのかな。死んでいる人ばっかりでは…。

三浦　あまりそれは関係ないんじゃないかな。生きてるか死んでるかを資料で確認して読むって人はあまりいないし、子供たちにとって金子兜太も松尾芭蕉も大差はないと思う。

小西　ぼくはそうは思わないけど…。評価がゆれるので、俳句は評価に時間がかかるのかもしれない。その点、短歌の方は、若いよね。俵万智の短歌は教科書に出てくるわけだから、俳句の黛まどかもどんどん出していったらいいんだ。黛まどかが、恋という俗の世界を開拓していったのは、考えてみればすごいこと。俗の世界のエネルギーを汲み上げてきたのが俳句なんだから、黛さんの恋の句は、他の人にはできなかった俗の活力を汲み上げたわけだ。でも、教師の側のかたくなさがあるのかな？　特に恋の句なんかに。

三浦　国語は言葉の面白さを教える教科。しかし、それを否定するような雰囲気が国語科の世界にはある。俳句のほんとうの面白さを教えるのではなくて、知識として教えるという意識が強いですね。教科書に載せる俳句と条件をつけると、誰でも知っている句が出ているというのが営業的にいい。名前は知ってる、聞いたことがある、そういう句が並んでいる方が評判がいいんです。

◆読むことの楽しさ

三浦　切れ字の問題一つをとっても、どこに切れ字がありますか？ハイここです、という質問と答えがあって、その時点で終わっている教師が多い。その切れ字によって、どんな世界が出現してくるのかということが、実は教えなくてはいけないこと。

小西　今は散文の時代。韻文としてのメカニズムで読まないといけないものを、散文の読み方をするから、教師も生徒も面白くなくなっていくんだと思う。

三浦　俳句故の、意味の広がりや「取り合わせ」の面白さとかが伝わっていかない。鑑賞文のモデルがあって、その通りに読んでみようという、通り一遍の方法でしか俳句が教えられていない。

小西　切れ字が指導できても、切れの効果や意味がわかっていないってことかな。

三浦　例えば「鯉幟」って季語があると、その季語は周りに五月の風や、その風にそよぐ若葉の存在とかをもっている。それが季語というものだと僕は考える。だが、教師の多くは、たんに約束だと思っている。約束にもルールにも意味があるんだけど、その意味を教えようという意識が薄い。

小西　詩歌の分野は苦手という人には、マニュアルが欲しいんでしょうね。

三浦　よく説明文の教材で、「事実と意見を分けましょう」なんてのが出てくる。しかし、「事実」として提示されているものが、すでに表現者によって切り取られているものだよね。写生だってそう。作者の主体でもって切り取るから、それもまた虚構なんだよね。

三浦・小西・夏井（入り乱れての写生論で盛り上がる）

小西　国語という教科において、切り崩すべきものがあると思うんだけど、その「虚」の問題も大きいと思う。

三浦　生活綴り方、いわゆる生活作文というのね、普通の先生が指導すると何か出来事がないと書けないってことになる。本当の生活綴り方作文は、さりげない親子の会話でも書いているうちに自分が発見していくという、内省作用ってのが生まれてくる。多くの教師は、伝達作用に偏重している。一つの事実をみつめているうちに、ぽっと浮かんでくるってこと。そこに面白さがでてくる。ある種の言葉をみつめている中で、何か新しい発見が生まれる。例えば、坪内稔典さんが「河馬」にこだわっている。河馬をみつめつくした時に、他の人たちとは違うものが生まれる。自分の中で醸し出される何か、醸成される何か。その人にとって重い二つの言葉がぶつかったときに出る火花。そういう言葉の力を獲得していくことが大切なんじゃないかな。

小西　重い言葉って限る必要はないと思う。子供がケーハクにもってきた言葉が力を持つことだってあるでしょ。

夏井　それこそが、言葉自体が自然発火力をもってるってことの証拠じゃないの。

三浦　うん、でもそれは読み手の感性とか能力とかに大きくかかわってくるね。

小西　俳句を教える先生に望むとすれば、虚構を容認していく立場。教科書にもそれが出せないのかな。

三浦　三枝昂之という歌人に、子供たちを詩歌に誘うための文章を書いて欲しいと依頼したことがある。詩歌は、その言葉から想像できるってことが楽しいんだという主旨の文章。中学生に対するメッセージとしては出色のものだと思ったが、残念なことに六年間で教科書から消えてしまった。

夏井　ちょっと俳句からは話が逸れるんだけど、私ね、言葉から何が想像できるかってことが実験してみたくて、附属中の最後の授業で、勝手にこんなことやってみたの。八木重吉の短い詩を何編か、順番に提示していって、どんな作者なのかを想像してみようっていう授業。

　えんぜるになりたい
　花になりたい

この二行の詩からどんな作者像が浮かぶのか。「えんぜる」と平仮名で書いてあるし、内容が幼稚だから小学校低学年の女の子じゃないかとか、いやいや「エンジェル」ではなく「えんぜる」だから高齢のおじいさんだと思うって具合。で、順番に詩を提示していく度に、作者についての情報量が増えていくし、その内容も複合的になっていく。作者の輪郭が徐々にみえてくるのね。

　死ぬことばかり考えているせいだろうか
　枯れた芽のかげに
　赤いものを見たと思った

かなり重い病気の女性ではないか。会社が潰れて大きな借金を背負ってしまった会社の五十代の社長だと思う。現実逃避の「花になりたい」だと考えれば、登校拒否をしている中学生かもしれない。「赤いもの」とは死を考えながらももっと生きたいという彼女の願いを象徴しているのではないか、等など。具体的な作者像を要求すればするほど、情報はその詩に使われている言葉しかないわけだから、それはそれは丁寧に言葉を押さえて想像をふくらませていくわけ。放っておいてもどんどん掘り下げていくのには、本当にびっくりした。で、最後に私が、作者のプロフィールを朗読したの。「一八九八年生まれ…キリスト教の信者となり、信仰をよりどころとするようになった」生徒たちは、そっか、それで「えんぜるになりたい」んだって納得するし、「基督」という詩の意味も了解する。さらに、「陽二」という詩も含めて、彼らの心の中には、何かの重い病気にかかっていて、子供がいて、薄幸だけど深い信仰をもった男性詩人の姿が立ち上がってくるのね。で、最後にね、私が「二十九歳でこの世を去った」と朗読し終えたとたん、教室中が静まり返って、誰も微動だにしない。最前列にいた男の子が「二十九歳…」と絶句したっきり、もう誰も何もしゃべらない。なんか、私のほうが彼らのその沈黙の深さに感動してしまって、ああ言葉を読むってこういうことだったのか…って、しみじみ感じた。

三浦　すごいねえ。そんな授業、自分でしてみたい。

◆実作の授業を

小西　ここのところでは、僕も夏井さんも一致した意見なんだけど、俳句の教材は実作の方向にもっていくべきだと。自分たちがやってみれば、もっとデタラメに楽しんでいいんだとか、切れ字の効果だとか、開かれてないと俳句じゃないとか、そういうことが分かってくるはず。

夏井　とにかく句会をやるってのを指導書に入れるべき。句会を体験すれば、読む楽しさ、選ぶ楽しさ、議論する楽しさが分かる。そこから、詠む楽しさ、詠むことへの興味が引き出されてくるから。

小西　勿論、指導時間の都合っていう問題もあるだろうけどね。

夏井　句会ほどマニュアル化ができる教材はないんじゃないかと思う。そういう意味では、詩歌教材が苦手な教師でも、実作の手引きがあり句会のマニュアルがありとなれば、こんな楽なものないんじゃないの。句会すりゃあ、おのずとその句に対する意見は出てくるんだし。

三浦　いや、その「おのずと意見が出てくる」ってところが、前提として間違ってる。大多数の教師は、それが出来なくて困ってるんだ。そういうところまで行ってないんだ。大阪で、僕が公開授業をしたクラスでも、意見が出なくて困ったんだけれども、後でそのクラスの担当の先生と話をしてみると、四月から十二月まで、感想を聞くということを授業でやったことがなかった。

夏井　えっ、一度も？

三浦　そう。それに、指導要領では詩歌の実作は要求されていない。しかも国語は週三時間に削減される。母国語にたったこれだけというのは、一体どういうことなのか。さっきの夏井さんの授業の話を聞いてて痛切に思ったのは、現状では、「授業」イコール「教授」であるという考え方が国語の教師にも圧倒的に多い。「授業」イコール「コミュニケーション」という考え方がない。教育という言葉の「教」の部分だけ。「育」の部分を自在に授業に盛り込めるのは、国語という教科の強みなのに。

◆教科書に載せたい俳句

三浦　教科書の場合、使われない教科書では意味がないというスタンスがある。僕は、五十年後に教科書研究をする人が、あれはいい教科書だったと言ってくれたらいいと考えてるんだけど。国語には価値目標と技能目標があるんだけど、そのバランスも考える。優れた小説であれば両方クリアできる。例えば、典型的な説明文としてあげるなら、電気釜の使い方ってな説明文だってあるわけでね。でも、価値として考えると、ちょっと違うよね。(笑)

夏井　でも、それってちょっと面白いね。なんかの組み立て説明文みたいなのを読んで、その通りにやってみて、さあきちんと組み立てられるでしょうかみたいな、チョー実用的な説明文教材セットなんてのが発売されるようになったりして(笑)、これぞまさしく、伝達作用の権化。

小西　さっきの話に戻るけど、教科書に出ている人が、まだ生きてて活躍してる人で、授業の中でこんな疑問が生まれて自分たちでその人に手紙書いてみたりして、っていう発展は、今の教科書の俳句ではあまり望めない。だから、さっきの黛まどかとかが、教科書に登場してくると、そこから生まれる興味というのも掘り出せる。

三浦　俳句の歴史の定まらないうちに若い人の作品を教科書に入れるわけにはいかない。知ってる人は知ってるというラインが、やっぱり要求される。情けないけど、営業的な面は無視できないよね。

夏井　私は、死んでるとか生きてるとかは関係ないと思う。その作品のピックアップの仕方だよ。「夏河を越すうれしさよ手に草履」なんて蕪村の句では、蕪村の時代と現代をつなぐための要素がどこにもない。人間の五感を刺激するようなもの、心情に通じるもの、ゆるがない自然を詠んだものの中には、蕪村のいた時空と読み手である中学生が生きている時空とを、瞬時につないでくれる力を持った作品がある。私が初めて俳句を読んでドキッとしたのは、教科書に出ていた「斧入れて香におどろくや冬木立」という蕪村の句。自分の鼻孔に木の匂いがツーンとリアルに匂ってきたのには、そりゃあ驚いた。作者と読者が、十七文字を媒体にして、時空を越えた交信ができるような作品を選べばいいだけのことだと思う。

小西　言うことは分かるけど、それでは現代という時代の手触りが抜け落ちてしまうと思うんだけど…。

三浦　国語科が求める「表現」というのは、「企画書が書ける・意見が主張できる・情報収集してその結果が話せる」という方向になってきている。つまり内省作用がだんだん軽くみられるようになり、伝達作用に傾いてきている。

小西　経済人の確保、そこから教育内容が決められていくということかな。

夏井　だからね、しつこいようだけど、それならなおさらコミュニケーション学としての句会の在り方っていうのが、クローズアップされていいと思うんだけど。今やってる看護学校の講義では、とにかく自分が選んだ俳句について、どの言葉が好きなのか、その句からどんなことを想像したのか、どこに共感したのかということを、きちんと作者に伝えようねというふうにやってる。国語科の俳句教材という扱いだけではなくて、コミュニケーション学の一演習として、句会は充分に活用できるんじゃないかと思うんだよ。

三浦　座の文学としての再生ってことだね。選択科目としてなら十分可能だし、今度、中学校でスタートする総合的な学習の一単元として、コミュニケーションの側にスタンスを置いてやってみるってこともできるかもしれない。

（俳句新聞『子規新報』1999年6月号掲載）

第六章　『取り合わせ』指導のための季語集・例句集

『取り合わせ』指導のための季語集

ここに集めたのは、『取り合わせ』指導用の季語一覧である。上五か下五に入れ易い五文字の季語を中心に選んだ。指導の際には、以下のことに留意したい。(尚、仮名遣いは全て現代仮名遣いとした。俳句独特の送り仮名の省略は、慣例に従った。忌日の季語、新年の季語は省略した。)

① 季語の取捨選択は、学年だけでなく各学校の地域色を考慮する。

② 五文字ではない季語については、次のような使い方を示唆してやることもできる。

ハンカチ　「ハンカチや」
金魚　「金魚飼う」「金魚かな」
五月　「五月来る」
虹　「虹立つや」
苺の花　「花苺」
カンナ　「カンナ咲く」
晩夏　「晩夏光」「晩夏かな」
春の霙　「春霙」

春

「時候」

春（はる）　春立つ（はるたつ）　立春（りっしゅん）　早春（そうしゅん）　二月（にがつ）　春浅し（はるあさし）　冴返る（さえかえる）　余寒（よかん）　春寒（はるさむ）　春めく（はるめく）　三月（さんがつ）　彼岸（ひがん）　晩春（ばんしゅん）　四月（しがつ）　春の日（はるのひ）　春暁（しゅんぎょう）　春の朝（はるのあさ）　春昼（しゅんちゅう）　春の夕（はるのゆう）　春の暮（はるのくれ）　春の夜（はるのよる）　朧月夜（おぼろづきよ）　暖か（あたたか）　麗か（うららか）　長閑（のどか）　日永（ひなが）　遅日（ちじつ）　花冷（はなびえ）　木の芽時（このめどき）　春深し（はるふかし）　八十八夜（はちじゅうはちや）　春暑し（はるあつし）　暮の春（くれのはる）　行く春（ゆくはる）　春惜しむ（はるおしむ）　夏近し（なつちかし）

「天文」

春日和（はるびより）　春光（しゅんこう）　春の空（はるのそら）　春の雲（はるのくも）　春の月（はるのつき）　春三日月（はるみかづき）　朧月（おぼろづき）　朧（おぼろ）　春の星（はるのほし）　春の闇（はるのやみ）　春の風（はるのかぜ）　春一番（はるいちばん）　風光る（かぜひかる）　春疾風（はるはやて）・春嵐（はるあらし）　春塵（しゅんじん）　黄砂（こうさ）・霾（つちふる）　春の雨（はるのあめ）　春時雨（はるしぐれ）　菜種梅雨（なたねづゆ）　花の雨（はなのあめ）　春の雪（はるのゆき）　春の霙（はるのみぞれ）　春の霰（はるのあられ）　春の霜（はるのしも）　春の虹（はるのにじ）　春雷（しゅんらい）・春の雷（はるのらい）　霞（かすみ）・春霞（はるがすみ）　陽炎（かげろう）　花曇（はなぐもり）　鳥曇（とりぐもり）　蜃気楼（しんきろう）　春夕焼（はるゆうやけ）

「地理」

春の山（はるのやま）　山笑う（やまわらう）　春の野（はるのの）　末黒野（すぐろの）　春の水（はるのみず）　水温む（みずぬるむ）　春の川（はるのかわ）　春の海（はるのうみ）　春の波（はるのなみ）　春田（はるた）　苗代（なわしろ）　春の園（はるのその）・春の庭（はるのにわ）　春泥（しゅんでい）　逃水（にげみず）　残る雪（のこるゆき）　雪崩（なだれ）　雪解（ゆきどけ）　薄氷（うすらい・うすごおり）・春の氷（はるのこおり）　流氷（りゅうひょう）

「生活」

外套脱ぐ（がいとうぬぐ）　花衣（はなごろも）　春の服（はるのふく）　春ショール　春手袋（はるてぶくろ）　春帽子（はるぼうし）　春日傘（はるひがさ）　花菜漬（はなづけ）　蜆汁（しじみじる）　田楽（でんがく）　白子干（しらすぼし）　目刺（めざし）　壺焼（つぼやき）　鶯餅（うぐいすもち）　蕨餅（わらびもち）　草餅（くさもち）　桜餅（さくらもち）　菱餅（ひしもち）　雛あられ（ひなあられ）　白酒（しろざけ）　菜飯（なめし）　春灯（はるともし）・春の灯（はるのひ）　春炬燵（はるごたつ）　野焼（のやき）　山焼（やまやき）　畑焼く（はたやく）　芝焼く（しばやく）　麦踏（むぎふみ）　耕（たがやし）・春耕（しゅんこう）　種蒔（たねまき）・籾蒔く（もみまく）　茶摘（ちゃつみ）　上り梁（のぼりやな）・春の梁（はるのやな）　磯遊（いそあそび）　潮干狩（しおひがり）　遠足（えんそく）　青き踏む（あおきふむ）・踏青（とうせい）　野遊（のあそび）　摘草（つみくさ）　蕨狩（わらびがり）　花見（はなみ）　夜桜（よざくら）　花疲（はなづかれ）　凧（たこ）・凧合戦（たこがっせん）　石鹸玉（しゃぼんだま）　風船（ふうせん）　ぶらんこ・鞦韆（しゅうせん）　風車（かざぐるま）　春の風邪（はるのかぜ）　朝寝（あさね）　春眠（しゅんみん）　春愁（しゅんしゅう・はるうれい）　入

学試験（にゅうがくしけん）　大試験（だいしけん）　落第（らくだい）　卒業（そつぎょう）　春休（はるやすみ）　進級（しんきゅう）　入学（にゅうがく）　みどりの日（みどりのひ）　春分の日（しゅんぶんのひ）　憲法記念日（けんぽうきねんび）　桃の日（もものひ）・桃の節句（もものせっく）　雛祭（ひなまつり）・雛人形（ひなにんぎょう）・雛の日（ひなのひ）　雛納（ひなおさめ）　闘牛（とうぎゅう）　四月馬鹿（しがつばか）・エイプリルフール　メーデー　黄金週間（おうごんしゅうかん）・ゴールデンウィーク　春祭（はるまつり）　涅槃会（ねはんえ）　遍路（へんろ）　仏生会（ぶっしょうえ）
花祭（はなまつり）・甘茶（あまちゃ）・花御堂（はなみどう）　バレンタインの日・バレンタインデー
復活祭（ふっかつさい）・イースター

「動物」

馬の子（うまのこ）・子馬（こうま）　春の鹿（はるのしか）　落し角（おとしづの）　猫の恋（ねこのこい）・恋猫（こいねこ）　猫の子（ねこのこ）　亀鳴く（かめなく）　蛇穴を出る（へびあなをでる）
お玉杓子（おたまじゃくし）・蛙の子（かわずのこ）　蛙（かわず・かえる）　春の鳥（はるのとり）
鴬（うぐいす）・初音（はつね）　雉（きじ）　雲雀（ひばり）　頬白（ほおじろ）　春の鵙（はるのもず）
燕（つばめ）・燕来る（つばめくる）　引鶴（ひきづる）　白鳥帰る（はくちょうかえる）　春の雁（はるのかり）　帰雁（きがん）・帰る雁（かえるかり）　引鴨（ひきがも）・鴨帰る（かもかえる）　残る鴨（のこるかも）　海猫渡る（うみねこわたる）・海猫帰る（ごめかえる）　鳥帰る（とりかえる）　鳥雲に入る（とりくもにいる）　囀（さえずり）・囀る（さえずる）　鳥交る（とりさかる）　雀の子（すずめのこ）　鳥の巣（とりのす）　巣箱（すばこ）　燕の巣（つばめのす）　巣立鳥（すだちどり）　桜鯛（さくらだい）　眼張（めばる）　鰊（にしん）　鰆（さわら）　白魚（しらうお）　鱒（ます）　若鮎（わか

あゆ）　蛍烏賊（ほたるいか）　花烏賊（はないか）　栄螺（さざえ）　蛤（はまぐり）　浅蜊（あさり）　桜貝（さくらがい）　蜆（しじみ）　蜷（にな）　田螺（たにし）　寄居虫（やどかり）　磯巾着（いそぎんちゃく）　雲丹・海丹（うに）　初蝶（はつちょう）　蝶（ちょう）・黄蝶（きちょう）・紋白蝶（もんしろちょう）　蜂（はち）　蜂の巣（はちのす）　虻（あぶ）　春の蚊（はるのか）　春の蠅（はるのはえ）　蠅生る（はえうまる）　蚕（かいこ）　春蝉（はるぜみ）

「植物」

梅（うめ）・梅の花（うめのはな）・紅梅（こうばい）・白梅（はくばい）　椿（つばき）　桜（さくら）　枝垂桜（しだれざくら）　山桜（やまざくら）　八重桜（やえざくら）　花（はな）・花明り（はなあかり）　落花（らっか）　桜蘂降る（さくらしべふる）　薔薇の芽（ばらのめ）　辛夷（こぶし）　花水木（はなみずき）　ミモザ　沈丁花（じんちょうげ）　三椏の花（みつまたのはな）　躑躅（つつじ）　雪柳（ゆきやなぎ）　木蓮（もくれん）　藤（ふじ）・藤棚（ふじだな）・白藤（しらふじ）・山藤（やまふじ）　山吹（やまぶき）　桃の花（もものはな）　杏の花（あんずのはな）　林檎の花（りんごのはな）　梨の花（なしのはな）　伊予柑（いよかん）　木の芽（このめ）・芽吹く（めぶく）・木々芽吹く（きぎめぶく）　若緑（わかみどり）　柳の芽（やなぎのめ）　楓の芽（かえでのめ）　柳（やなぎ）　木瓜の花（ぼけのはな）　杉の花（すぎのはな）　猫柳（ねこやなぎ）　竹の秋（たけのあき）　春落葉（はるおちば）　春の筍（はるのたけのこ）　三色菫（さんしきすみれ）　黄水仙（きずいせん）　雛菊（ひなぎく）・デージー　金盞花（きんせんか）　アネモネ　サイネリア　フリージア　チューリップ　ヒヤシンス　シクラメン　芝桜（しばざくら）　霞草（かすみそう）　スイトピー　菜の花（なのはな）　豆の花（まめのはな）　苺の花（いちごのはな）　菠薐草（ほうれんそう）　三葉芹（みつばぜり）　春大根（はるだい

こん）アスパラガス　春菊（しゅんぎく）　韮（にら）　山葵（わさび）　青麦（あおむぎ）　種芋（たねいも）　春の草（はるのくさ）　下萌（したもえ）　草青む（くさあおむ）　草の芽（くさのめ）　ものの芽（もののめ）　若草（わかくさ）　双葉（ふたば）　菫（すみれ）　紫雲英（げんげ・れんげ）・げんげ田　クローバー・苜蓿（うまごやし）　薺の花（なずなのはな）　蒲公英（たんぽぽ）　土筆（つくし）　杉菜（すぎな）　繁縷（はこべ）　桜草（さくらそう）　虎杖（いたどり）　蕨（わらび）　薇（ぜんまい）　芹（せり）　野蒜（のびる）　犬ふぐり（いぬふぐり）　金鳳花（きんぽうげ）　狐の牡丹（きつねのぼたん）　春蘭（しゅんらん）　海老根（えびね）　母子草（ははこぐさ）　春の蕗（はるのふき）　蓬（よもぎ）　嫁菜（よめな）　茅花（つばな）　雀の鉄砲（すずめのてっぽう）　片栗の花（かたくりのはな）　ていれぎ　水草生う（みずくさおう）　クレソン　葦の角（あしのつの）　葦若葉（あしわかば）　荻の角（おぎのつの）　薊（あざみ）　春椎茸（はるしいたけ）　若布（わかめ）　鹿尾菜（ひじき）　海雲・水雲（もずく）　海苔（のり）　石蓴（あおさ）　青海苔（あおのり）　岩海苔（いわのり）

夏

「時候」

夏（なつ）　初夏（しょか・はつなつ）　五月（ごがつ）　夏めく（なつめく）　立夏（りっか）　薄暑（はくしょ）　麦の秋（むぎのあき）・麦秋（ばくしゅう）　六月（ろくがつ）　入梅（にゅうばい）　梅雨寒（つゆざむ）　夏至（げし）　晩夏（ばんか）　七月（しちがつ）　梅雨明（つゆあけ）　夏の日（なつのひ）　夏の朝（なつのあさ）　炎昼（えんちゅう）　夏の夕（なつのゆう）　夏の夜（なつのよ）　短夜（みじかよ）　熱帯夜（ねったいや）　暑し（あつし）　暑き日（あつきひ）　大暑（たいしょ）　灼く（やく）　涼し（すずし）　夏深し（なつふかし）　夏の果（なつのはて）　秋近し（あきちかし）　夜の

秋（よるのあき）

「天文」

夏の空（なつのそら）　梅雨空（つゆぞら）　夏の雲（なつのくも）　雲の峰（くものみね）　夏の月（なつのつき）　梅雨の月（つゆのつき）　夏の星（なつのほし）　旱星（ひでりぼし）　夏の風（なつのかぜ）　南風（みなみ・みなみかぜ）・南風吹く（みなみふく）　薫風（くんぷう）　青嵐（あおあらし）　熱風（ねっぷう）　夏の雨（なつのあめ）　梅雨（つゆ）・青梅雨（あおつゆ）　五月雨（さみだれ）　夕立（ゆうだち）　夏の霧（なつのきり）　雲海（うんかい）　雷（かみなり）　虹（にじ）　五月闇（さつきやみ）　朝焼（あさやけ）　夕焼（ゆうやけ）　日盛（ひざかり）　炎天（えんてん）　西日（にしび）　油照（あぶらでり）　片陰（かたかげ）　旱（ひでり）

「地理」

夏の山（なつのやま）　山滴る（やましたたる）　夏富士（なつふじ）　雪渓（せっけい）　夏野（なつの）・青野（あおの）　夏の川（なつのかわ）　出水（でみず）　夏の海（なつのうみ）　夏の波（なつのなみ）　代田（しろた）・田水張る（たみずはる）　植田（うえた）　青田（あおた）　泉（いずみ）　清水（しみず）　滴り（したたり）　滝（たき）

「生活」

更衣（ころもがえ）　夏服（なつふく）　甚平（じんべい）　すててこ　浴衣（ゆかた）　レース　夏シャツ（なつしゃつ）・白シャツ（しろしゃつ）　アロハシャツ　海水着（かいすいぎ）　サングラス　腹当（はらあて）　日傘（ひがさ）　夏帽子（なつぼうし）　夏手袋（なつてぶくろ）　白靴（しろぐつ）　サング

ラス　ハンカチ　胡瓜揉（きゅうりもみ）　梅干（うめぼし）　冷奴（ひややっこ）　豆ごはん（まめごはん）　冷素麺（ひやそうめん）　冷麦（ひやむぎ）　葛餅（くずもち）　白玉（しらたま）　ゼリー　蜜豆（みつまめ）　粽（ちまき）　柏餅（かしわもち）　心太（ところてん）　ソーダ水　ラムネ　アイスコーヒー　氷水（こおりみず）　氷菓子（こおりがし）・アイスクリーム　かちわり　ビール　梅酒（うめしゅ）　新茶（しんちゃ）　夏座敷（なつざしき）　噴水（ふんすい）　夏蒲団（なつぶとん）　日除（ひよけ）　簾（すだれ）　籐椅子（とういす）　ハンモック　蝿叩（はえたたき）　香水（こうすい）　冷房（れいぼう）　冷蔵庫（れいぞうこ）　扇（おうぎ）　団扇（うちわ）　扇風機（せんぷうき）　風鈴（ふうりん）　虫干（むしぼし）　打水（うちみず）　行水（ぎょうずい）　シャワー　夜濯（よすすぎ）　麦刈（むぎかり）　田植（たうえ）　天草取（てんぐさとり）　袋掛（ふくろかけ）　繭（まゆ）　鵜飼（うかい）　夜釣（よづり）　水中眼鏡（すいちゅうめがね）　簗（やな）　烏賊釣（いかつり）　避暑（ひしょ）　納涼（すずみ）・夕涼（ゆうすずみ）　船遊（ふなあそび）　ヨット　サーフィン　夏スキー　登山　キャンプ　泳ぎ（およぎ）・クロール・浮輪（うきわ）　プール　海水浴（かいすいよく）　砂日傘（すなひがさ）・ビーチパラソル　夜店（よみせ）　金魚売（きんぎょうり）　西瓜割（すいかわり）　花火（はなび）・大花火（おおはなび）・遠花火（とおはなび）・手花火（てはなび）・線香花火（せんこうはなび）　ナイター　水遊（みずあそび）　水鉄砲（みずでっぽう）　金魚玉（きんぎょだま）　蛍狩（ほたるがり）　蛍籠（ほたるかご）　昆虫採集（こんちゅうさいしゅう）　草笛（くさぶえ）　草矢（くさや）　裸（はだか）　跣足（はだし）・素足（すあし）　髪洗う（かみあらう）　汗（あせ）　日焼（ひやけ）　昼寝（ひるね）　寝冷（ねびえ）　夏の風邪（なつのかぜ）　夏痩（なつやせ）　汗疹（あせも）　暑中見舞（しょちゅうみまい）　夏休（なつやすみ）　帰省（きせい）　林間学校（りんかんがっこう）　こどもの日　母の日（ははのひ）　父の日（ちちのひ）　原爆忌（げんばくき）　端午（たんご）　鯉幟（こ

いのぼり）　山開（やまびらき）　川開（かわびらき）　海開（うみびらき）　祭（まつり）　夏越（なごし）

「動物」

鹿の子（かのこ）　袋角（ふくろづの）　蝙蝠（こうもり）　亀の子（かめのこ）　雨蛙（あまがえる）　蟇（ひきがえる）　河鹿（かじか）　山椒魚（さんしょううお）　守宮（やもり）　井守（いもり）　蜥蜴（とかげ）・青蜥蜴（あおとかげ）　蛇（へび）　時鳥（ほととぎす）　郭公（かっこう）　仏法僧（ぶっぽうそう）　夏鶯（なつうぐいす）・老鶯（おいうぐいす）　夏雲雀（なつひばり）　燕の子（つばめのこ）　鴉の子（からすのこ）　翡翠（かわせみ）　夏の鴨（なつのかも）　鴨の子（かものこ）　鵜（う）　夏燕（なつつばめ）　鯰（なまず）　鮎（あゆ）　岩魚（いわな）　山女（やまめ）　金魚（きんぎょ）　熱帯魚（ねったいぎょ）　石鯛（いしだい）　初鰹（はつがつお）・鰹（かつお）　鯖（さば）　鯵（あじ）　蟹（かに）　船虫（ふなむし）　水母・海月（くらげ）　夏の蝶（なつのちょう）　黒揚羽（くろあげは）・揚羽蝶（あげはちょう）　蛾（が）　毛虫（けむし）　蛍（ほたる）　甲虫（かぶとむし）　鍬形虫（くわがたむし）　金亀虫・黄金虫（こがねむし）　天道虫（てんとうむし）　水馬（あめんぼ）　水澄し（みずすまし）　蝉（せみ）・蝉時雨（せみしぐれ）・蝉の穴（せみのあな）・空蝉（うつせみ）　蝿（はえ）　蚊（か）　孑々（ぼうふら）　ごきぶり　蟻（あり）　蜘蛛（くも）　百足（むかで）　蝸牛（かたつむり）　蚯蚓（みみず）　夜光虫（やこうちゅう）

「植物」

葉桜（はざくら）　桜の実（さくらのみ）　薔薇（ばら）　牡丹（ぼたん）・白牡丹（はくぼたん）・牡丹園（ぼたんえん）　紫陽花（あじさい）　石南花（しゃくなげ）　百日紅（さるすべり）　夾竹桃（きょうちくとう）　蜜柑の花（みかんのはな）　栗の花（くりのはな）　青梅（あおうめ）　青葡萄（あおぶ

どう）　青林檎（あおりんご）　さくらんぼ　枇杷（びわ）　夏蜜柑（なつみかん）　パイナップル　バナナ　夏木立（なつこだち）　新樹（しんじゅ）　若葉（わかば）　青葉（あおば）　新緑（しんりょく）　茂（しげり）　万緑（ばんりょく）　木下闇（こしたやみ）　緑陰（りょくいん）　柿若葉（かきわかば）　桐の花（きりのはな）　茨の花（いばらのはな）　合歓の花（ねむのはな）　杜若（かきつばた）　花あやめ　花菖蒲（はなしょうぶ）　竹落葉（たけおちば）　ダリア　グラジオラス　向日葵（ひまわり）　芥子の花（けしのはな）　デージー　芥子坊主（けしぼうず）　カーネーション　マーガレット　睡蓮（すいれん）　百合（ゆり）・山百合（やまゆり）・鬼百合（おにゆり）　サボテン　サルビア　アマリリス　日々草（にちにちそう）　糸瓜の花（へちまのはな）　夕顔（ゆうがお）　韮の花（にらのはな）　豌豆（えんどう）　空豆（そらまめ）　筍（たけのこ）　胡瓜（きゅうり）　茄子（なす）　メロン　トマト　新馬鈴薯（しんじゃが）　パセリ　玉葱（たまねぎ）　蓮（はす）　麦（むぎ）　早苗（さなえ）　夏草（なつくさ）　草茂る（くさしげる）　草いきれ（くさいきれ）　青芝（あおしば）　青蔦（あおつた）　青薄（あおすすき）　浜昼顔（はまひるがお）　昼顔（ひるがお）　月見草（つきみそう）　蒲（がま）・蒲の穂（がまのほ）　夏薊（なつあざみ）　どくだみ・十薬（じゅうやく）　姫女苑（ひめじょおん）　蛇苺（へびいちご）　夏蕨（なつわらび）　苔の花（こけのはな）　萍（うきくさ）　黴（かび）　天草（てんぐさ）　昆布（こんぶ）

秋

「時候」

秋（あき）　初秋（はつあき・しょしゅう）　八月（はちがつ）　立秋（りっしゅう）・秋立つ（あきたつ）　残暑（ざんしょ）　新涼（しんりょう）　秋めく（あきめく）　九月（くがつ）　白露（はくろ）

秋彼岸（あきひがん）　十月（じゅうがつ）　晩秋（ばんしゅう）　秋の日（あきのひ）　秋の朝（あきのあさ）　秋の昼（あきのひる）　秋の暮（あきのくれ）　秋の夜（あきのよる）　夜長（よなが）　秋麗（あきうらら・しゅうれい）　秋澄む（あきすむ）　爽か（さわやか）　冷やか（ひややか）　身に入む（みにしむ）　秋寒（あきさむ）　そぞろ寒（そぞろざむ）　朝寒（あささむ）　夜寒（よさむ）　秋深し（あきふかし）　暮の秋（くれのあき）　行く秋（ゆくあき）　秋惜しむ（あきおしむ）　冬隣（ふゆどなり）

「天文」

菊日和（きくびより）　秋晴（あきばれ）　秋の空（あきのそら）　秋高し（あきたかし）・天高し（てんたかし）　秋の雲（あきのくも）　鰯雲（いわしぐも）　月（つき）　名月（めいげつ）　良夜（りょうや）　無月（むげつ）　雨月（うげつ）　十六夜（いざよい）　後の月（のちのつき）　星月夜（ほしづきよ）　天の川（あまのがわ）・銀河（ぎんが）　流星（りゅうせい）・流れ星（ながれぼし）　秋の風（あきのかぜ）　野分（のわき）　台風（たいふう）　芋嵐（いもあらし）　青北風（あおきた）　秋曇（あきぐもり）・秋陰（しゅういん）　秋の雨（あきのあめ）　秋時雨（あきしぐれ）　秋の雷（あきのらい）・稲妻（いなづま）・稲光（いなびかり）　秋の虹（あきのにじ）　秋夕焼（あきゆうやけ）　霧（きり）・朝霧（あさぎり）・夕霧（ゆうぎり）・夜霧（よぎり）　露（つゆ）・白露（しらつゆ）　露寒（つゆさむ）

「地理」

秋の山（あきのやま）　山粧う（やまよそおう）　秋の野（あきのの）　花畑（はなばたけ）・花園（はなぞの）　花野（はなの）・大花野（おおはなの）　秋の田（あきのた）　刈田（かりた）　秋の水（あきのみず）　水澄む（みずすむ）　秋の川（あきのかわ）　秋出水（あきでみず）　秋の海（あきのうみ）　秋の潮（あきのしお）　盆波（ぼんなみ）

「生活」

休暇明（きゅうかあけ）・休暇果つ（きゅうかはつ）　秋の服（あきのふく）　とろろ汁（とろろじる）新蕎麦（しんそば）　新米（しんまい）　夜食（やしょく）　枝豆（えだまめ）　松茸飯（まつたけめし）・茸飯（きのこめし）　栗ごはん（くりごはん）　干柿（ほしがき）　秋の灯（あきのひ）　冬支度（ふゆじたく）　秋耕（しゅうこう）　案山子（かかし）・捨案山子（すてかかし）　鳥威し（とりおどし）　稲刈（いねかり）　稲架（はざ）　夜業（やぎょう）　葦刈（あしかり）　種採（たねとり）　下り簗（くだりやな）　鮭打ち（さけうち）　烏賊干す（いかほす）　月見（つきみ）　月見団子（つきみだんご）　菊人形（きくにんぎょう）　虫籠（むしかご）　茸狩（きのこがり）　紅葉狩（もみじがり）　秋思（しゅうし）　運動会（うんどうかい）　夜学（やがく）　赤い羽根（あかいはね）　終戦記念日（しゅうせんきねんび）　敬老の日（けいろうのひ）　秋分の日（しゅうぶんのひ）　文化の日（ぶんかのひ）　秋祭（あきまつり）　七夕（たなばた）・星祭（ほしまつり）　鬼灯市（ほおづきいち）　盆支度（ぼんじたく）・盆（ぼん）　墓参（はかまいり）　灯籠（とうろう）　踊（おどり）・盆踊（ぼんおどり）

「動物」

鹿（しか）　猪（いのしし）　馬肥ゆる（うまこゆる）　秋の蛇（あきのへび）・蛇穴に入る（へびあなにいる）　渡り鳥（わたりどり）・鳥渡る（とりわたる）　色鳥（いろどり）　小鳥（ことり）・小鳥来る（ことりくる）　燕帰る（つばめかえる）・秋燕（あきつばめ・しゅうえん）　稲雀（いなすずめ）　鵙（もず）　鶫（つぐみ）　鶺鴒（せきれい）　椋鳥（むくどり）　鶉（うずら）　啄木鳥（きつつき）　鴫（しぎ）　雁（かり）・雁渡る（かりわたる）　鶴来る（つるくる）　四十雀（しじゅうから）　頬白（ほおじろ）　目白（めじろ）　落鮎（おちあゆ）　鰍（かじか）　鯔（ぼら）　鱸（すずき）　鯊（はぜ）　秋

鯖（あきさば）　鰯（いわし）　秋刀魚（さんま）　鮭（さけ）　秋の蛍（あきのほたる）　秋の蠅（あきのはえ）　秋の蚊（あきのか）　秋の蜂（あきのはち）　秋の蝶（あきのちょう）　秋の蟬（あきのせみ）　蜩（ひぐらし）・かなかな　法師蟬（ほうしぜみ）　蜻蛉（とんぼ・せいれい）・赤蜻蛉（あかとんぼ）　蜉蝣（かげろう）　虫（むし）・虫の声（むしのこえ）・虫時雨（むししぐれ）・昼の虫（ひるのむし）　蟋蟀（こおろぎ）　飛蝗（ばった）　鈴虫（すずむし）　松虫（まつむし）　鉦叩（かねたたき）　螽斯（きりぎりす）　馬追（うまおい）　轡虫（くつわむし）　蝗（いなご）　蟷螂（かまきり・とうろう）　蚯蚓鳴く（みみずなく）　蓑虫（みのむし）　芋虫（いもむし）　秋蚕（あきご）　秋の繭（あきのまゆ）

「植物」

木犀（もくせい）　木槿（むくげ）　芙蓉（ふよう）　椿の実（つばきのみ）　藤の実（ふじのみ）　桃（もも）・白桃（はくとう）　梨（なし）　柿（かき）・渋柿（しぶがき）　林檎（りんご）　葡萄（ぶどう）　栗（くり）・いが栗（いがぐり）　棗の実（なつめのみ）　石榴（ざくろ）　無花果（いちじく）　胡桃（くるみ）　青蜜柑（あおみかん）　檸檬（れもん）　花梨の実（かりんのみ）　紅葉（もみじ）・初紅葉（はつもみじ）・薄紅葉（うすもみじ）　黄落（こうらく）　柿紅葉（かきもみじ）　櫨紅葉（はぜもみじ）　銀杏黄葉（いちょうもみじ）　桜紅葉（さくらもみじ）　木の実（このみ）・木の実降る（このみふる）・木の実独楽（このみごま）　杉の実（すぎのみ）　ななかまど　櫨の実（はぜのみ）　椋の実（むくのみ）　樫の実（かしのみ）　団栗（どんぐり）　銀杏（ぎんなん・いちょう）　桐の実（きりのみ）　茨の実（いばらのみ）　通草（あけび）　蔦（つた）　竹の春（たけのはる）　芭蕉（ばしょう）　カンナ　蘭（らん）　朝顔（あさがお）　鶏頭（けいとう）　コスモス　鳳仙花（ほうせんか）　菊（きく）　蓮の実（はすのみ）　西瓜（すいか）　南瓜（かぼちゃ）　糸瓜（へちま）　秋茄子（あきなす・あきなすび）　馬鈴薯

（ばれいしょ）　甘藷（さつまいも）　芋（いも）　唐辛子（とうがらし）　稲（いね）　稲の花（いねのはな）　玉蜀黍（とうもろこし）　黍（きび）　粟（あわ）　蕎麦の花（そばのはな）　大豆（だいず）　隠元豆（いんげんまめ）　小豆（あずき）　落花生（らっかせい）　胡麻（ごま）　煙草の花（たばこのはな）　棉（わた）　藍の花（あいのはな）　秋草（あきくさ）　草の花（くさのはな）　草の穂（くさのほ）・草の絮（くさのわた）　草紅葉（くさもみじ）　草の実（くさのみ）　末枯（うらがれ）　萩（はぎ）・初萩（はつはぎ）　芒（すすき）　萱（かや）　芦（あし）　芦の花（あしのはな）　荻（おぎ）　数珠玉（じゅずだま・ずずこ）　葛（くず）　葛の花（くずのはな）　撫子（なでしこ）　野菊（のぎく）　狗尾草（えのころぐさ）・ねこじゃらし　牛膝（いのこづち）　藤袴（ふじばかま）　曼珠沙華（まんじゅしゃげ）　桔梗（ききょう）　女郎花（おみなえし）　男郎花（おとこえし）　吾亦紅（われもこう）　水引草（みずひきそう）・水引の花（みずひきのはな）　竜胆（りんどう）　杜鵑草（ほととぎす）　松虫草（まつむしそう）　露草（つゆくさ）　鳥兜（とりかぶと）　蓼の花（たでのはな）　赤のまんま（あかのまんま）・赤のまま（あかのまま）　溝蕎麦（みぞそば）　烏瓜（からすうり）　菱の実（ひしのみ）　水草紅葉（みずくさもみじ）　菱紅葉（ひしもみじ）　茸（きのこ）　松茸（まつたけ）　椎茸（しいたけ）　占地（しめじ）・湿地茸（しめじだけ）

冬

「時候」

冬（ふゆ）　初冬（はつふゆ）　十一月（じゅういちがつ）　冬立つ（ふゆたつ）・立冬（りっとう）　冬ざれ（ふゆざれ）　小春（こはる）　冬浅し（ふゆあさし）　冬めく（ふゆめく）　冬暖か（ふゆあたたか）　十二月（じゅうにがつ）　冬至（とうじ）　師走（しわす）　年の暮（としのくれ）　数え日（かぞえび）

行く年（ゆくとし）　大晦日（おかみそか）　年惜しむ（としおしむ）　年の夜（としのよる）　晩冬（ばんとう）　一月（いちがつ）　寒の入（かんのいり）　大寒（だいかん）　寒の内（かんのうち）　冬の日（ふゆのひ）　冬の朝（ふゆのあさ）　冬の夜（ふゆのよる）　冬の暮（ふゆのくれ）　短日（たんじつ）　寒し（さむし）　冴ゆ（さゆ）　霜夜（しもよ）　冱つ（いつ）・凍（いて）・凍空（いてぞら）　三寒四温（さんかんしおん）　冬深し（ふゆふかし）　日脚伸ぶ（ひあしのぶ）　春近し（はるちかし）　節分（せつぶん）

「天文」

冬晴（ふゆばれ）　冬の空（ふゆのそら）　冬の雲（ふゆのくも）　冬の月（ふゆのつき）　冬の星（ふゆのほし）・冬北斗（ふゆほくと）・オリオン・寒昴（かんすばる）・荒星（あらぼし）　冬の風（ふゆのかぜ）　凩（こがらし）　寒波（かんぱ）　北風（きたかぜ・きた）　空っ風（からっかぜ）　虎落笛（もがりぶえ）　初時雨（はつしぐれ）・時雨（しぐれ）　冬の雨（ふゆのあめ）　寒の雨（かんのあめ）　霰（あられ）　霙（みぞれ）　樹氷（じゅひょう）　霜（しも）・初霜（はつしも）　雪催（ゆきもよい）　雪（ゆき）・初雪（はつゆき）　雪晴（ゆきばれ）　風花（かざはな）　吹雪（ふぶき）　雪女（ゆきおんな）　冬の雷（ふゆのらい）　冬の霧（ふゆのきり）　冬の虹（ふゆのにじ）　冬夕焼（ふゆゆうやけ）

「地理」

冬の山（ふゆのやま）　山眠る（やまねむる）　冬の野（ふゆのの）・冬野（ふゆの）　枯野（かれの）・大枯野（おおかれの）　冬田（ふゆた）　枯園（かれその）　水涸る（みずかる）　冬の水（ふゆのみず）　寒の水（かんのみず）　冬の川（ふゆのかわ）　冬の海（ふゆのうみ）　冬の波（ふゆのなみ）　霜柱（しもばしら）　氷（こおり）・初氷（はつごおり）　氷柱（つらら）・大氷柱（おおつらら）　冬滝（ふゆたき）

氷壁（ひょうへき）　氷湖（ひょうこ）　氷海（ひょうかい）　波の花（なみのはな）　狐火（きつねび）

「生活」

冬服（ふゆふく）　セーター　ジャケット　外套（がいとう）　ジャンパー　コート　重ね着（かさねぎ）　蒲団（ふとん）　毛布（もうふ）　膝掛（ひざかけ）　ちゃんちゃんこ　ねんねこ　毛皮（けがわ）　襟巻（えりまき）・マフラー　ショール　手袋（てぶくろ）　冬帽子（ふゆぼうし）　耳袋（みみぶくろ）　マスク　雪沓（ゆきぐつ）　毛糸編む（けいとあむ）　沢庵漬（たくあんづけ）　納豆（なっとう）　新海苔（しんのり）　雑炊（ぞうすい）　焼薯（やきいも）　餅（もち）　鍋焼饂飩（なべやきうどん）　すき焼き　寄鍋（よせなべ）　湯豆腐（ゆどうふ）　おでん　寒卵（かんたまご）　鯛焼（たいやき）　冬館（ふゆやかた）　冬構（ふゆがまえ）　冬籠（ふゆごもり）　絨毯（じゅうたん）　霜除（しもよけ）　雪囲（ゆきがこい）　隙間風（すきまかぜ）　雪掻（ゆきかき）・雪下し（ゆきおろし）　障子（しょうじ）　襖（ふすま）　屏風（びょうぶ）　暖炉（だんろ）　ストーブ　暖房（だんぼう）　炬燵（こたつ）　焚火（たきび）・落葉焚（おちばたき）　火事（かじ）　橇（そり）　冬耕（とうこう）　狩（かり）　捕鯨（ほげい）　紙漉（かみすき）　寒釣（かんつり）　綾取（あやとり）　縄跳（なわとび）　竹馬（たけうま）　雪投げ（ゆきなげ）　雪兎（ゆきうさぎ）　雪達磨（ゆきだるま）　スキー　スケート　ラグビー　サッカー　寒稽古（かんげいこ）　湯ざめ（ゆざめ）　風邪（かぜ）　咳（せき）　嚔（くしゃみ・くさめ）　水洟（みずばな）・鼻水（はなみず）　息白し（いきしろし）　悴む（かじかむ）　胼（ひび）　皹（あかぎれ）　霜焼（しもやけ）　日向ぼこ（ひなたぼこ）　クリスマス　日記買う（にっきかう）　賀状書く（がじょうかく）　冬休（ふゆやすみ）　亥の子（いのこ）　勤労感謝の日（きんろうかんしゃのひ）　七五三（しちごさん）　柚子湯（ゆずゆ）　豆まき（まめまき）

「動物」

冬眠（とうみん） 熊（くま） 冬の鹿（ふゆのしか） 狐（きつね） 狸（たぬき） 狼（おおかみ） 寒鴉（かんがらす） 梟（ふくろう） 冬の鵙（ふゆのもず） 冬雲雀（ふゆひばり） 寒雀（かんすずめ） 兎（うさぎ） 鷹（たか） 水鳥（みずとり） 鴨（かも） 千鳥（ちどり） 冬鴎（ふゆかもめ） 鶴（つる） 凍鶴（いてづる） 白鳥（はくちょう） 鯨（くじら） 鮫（さめ） 鰤（ぶり） 鮟鱇（あんこう） 河豚（ふぐ） 寒鯉（かんごい） 寒鮒（かんぶな） ずわい蟹（ずわいがに） 海鼠（なまこ） 牡蛎（かき） 冬の蝶（ふゆのちょう） 冬の蜂（ふゆのはち） 冬の蝿（ふゆのはえ） 綿虫（わたむし） 冬の虫（ふゆのむし） 冬の蚊（ふゆのか）

「植物」

寒梅（かんばい） 帰り花（かえりばな） 冬桜（ふゆざくら） 冬薔薇（ふゆばら） 寒牡丹（かんぼたん） 寒椿（かんつばき） 山茶花（さざんか） 茶の花（ちゃのはな） ポインセチア 蜜柑（みかん） 橙（だいだい） 朱欒（ざぼん） 冬林檎（ふゆりんご） 枇杷の花（びわのはな） 冬紅葉（ふゆもみじ） 枯葉（かれは） 落葉（おちば） 冬木（ふゆき） 寒林（かんりん） 冬木立（ふゆこだち） 枯木（かれき）・裸木（はだかぎ） 冬枯（ふゆがれ） 雪折（ゆきおれ） 冬苺（ふゆいちご） 冬菊（ふゆぎく） 水仙（すいせん） カトレア 枯蓮（かれはす） 冬菜（ふゆな） 白菜（はくさい） 葱（ねぎ） 大根（だいこん） 人参（にんじん） セロリ ブロッコリー 冬草（ふゆくさ） 草枯（くさがれ） 枯葦（かれあし） 枯尾花（かれおばな） 枯芝（かれしば） 石蕗の花（つわのはな）・石蕗（つわぶき） 冬菫（ふゆすみれ） 冬蕨（ふゆわらび） 冬萌（ふゆもえ） 竜の玉（りゅうのたま） 滑子（なめこ） 黒海苔（くろのり）

『取り合わせ』指導のための例句集

ここに集めたのは、『季語当てクイズ』用例句である。小学生から高校生までを想定してピックアップした。指導の際には、以下のことに留意したい。

① 発達段階や子供たちの生活経験を考慮して、例句を選ぶ。

② 十二文字のフレーズから一句の世界を自由に想像させ、その世界にぴったりだと思うのはどの季語なのか、その季語をおくと一句の世界がどう展開していくのか、季語と残りの十二文字がどんなふうにスパークするのか、を考えさせることが大切である。原句の季語を当てることが、このクイズの真の目的ではないことを、常に念頭において指導にあたりたい。

春

春立つや中をみどりに楽器函《ばこ》　福田寺千恵

スタートの手をつく大地春立てり　石鍋みさ代

冴返る最も綺麗なものは星　高木晴子

春の日やポストのペンキ地まで塗る　山口誓子

春昼や魔法の利かぬ魔法壜　安住　敦

春の昼笛の穴から音が出て　板垣鋭太郎
鈴に入る玉こそよけれ春のくれ　三橋敏雄
家を出て家に帰りぬ春の暮　藤田湘子
新宿は鍵の無い空春の暮　前田保子
うららかや鯨図鑑の小さな目　矢島渚男
ゆく春や鼻の大きなロシア人　久保田万太郎
行く春やきのうの敵はいまも敵　南村健治
春風や闘志いだきて丘に立つ　高濱虚子
新しき辞書を手にして風光る　菅沼琴子
山笑ふまだからつぽのランドセル　目黒孝子
フランスへ行きたくなりし春帽子　神谷瑛子
おばあちやんの話飛ぶ飛ぶ春ごたつ　黒田さつき
花杏男嫌ひにされゐたり　中出美智子
恋文は短かきがよしシクラメン　成瀬櫻桃子
菜の花や文庫になりしサザエさん　楠田よはんな
言葉より声が正直豆の花　酒井和子《わこ》
あこがれの小さくなりしうまごやし　松澤　昭

夏

教科書を窓際におき麦の秋　桂　信子
子犬まで出てきて吠ゆる麦の秋　阿部ひろし
炎昼や少しジュラ紀の匂ふ窓　塩見恵介
雲の峰人間小さく働ける　星野立子
五月闇駅から遠い家に棲《す》み　矢野誠一
夏シャツや別れればはや遠き人　阿部千恵子
海見るはひとりがよけれ夏帽子　山辺浩子
夏休み犬のことばがわかりきぬ　平井照敏
母さんが父さん叱《しか》る豆ごはん　藪ノ内君代
白玉や愛す人にも嘘ついて　鈴木真砂女
白玉や病みて愛《いと》しきもの殖ゆる　可知あきを
みつ豆や仲がよすぎてする喧嘩　稲垣きくの
死ぬほどといふはどれほど心太　高倉和子
ソーダ水言訳ばかりきかされぬ　加藤楸邨
今日よりも明日が好きなりソーダ水　星野　椿
ソーダ水女が少し積極的　辻田克巳
ソーダ水彼と呼ぶには近すぎて　池田美樹

冷房や騙《だま》されてゐるかも知れず　松山足羽《あすわ》
ハンモック雲の言葉を考ふる　畑　耕一
葉桜やまた歯車の月曜日　大林信爾
あぢさゐやきのふの手紙はや古ぶ　橋本多佳子
国家よりワタクシ大事さくらんぼ　摂津幸彦

秋

物音は一個にひとつ秋はじめ　藤田湘子
投げたのは紙つぶてです秋の空　谷さやん
新涼や子の机借りものを書く　伊藤政美
人波にしばしさからひ秋の暮　中村汀女
人の行く方へゆくなり秋の暮　大野林火
秋の暮さびしくないと云ふは嘘　高木晴子
あやまちはくりかへします秋の暮　三橋敏雄
右むけば左が寂し秋の暮　長谷川芳太郎
爽やかやどこから見ても読めない書　馬場美智子
野分立つ地球に耳をつけてみる　渡部ひとみ
口中《こうちゅう》へ涙こつんと冷ややかに　秋元不死男

秋深しロダンは考へこむばかり　鶴田独狐《どっこ》
寝る時間みなばらばらに天の川　森田公司
草の花はずかしがりやのわたしです　饗場しぃたん
二つめの時計なくして星祭　渡部ひとみ
目かくしの指ひんやりと星祭　渡部州麻子
赤い羽根空はいつでもおなじ空　芽論ぱん
鳥わたるこきこきこきと罐切れば　秋元不死男
渡り鳥わが名つぶやく人欲しや　原　裕
コスモスや彼女意外にしたたかよ　小河《おごう》美紗子
野にて裂く封書一片曼珠沙華　鷲谷七菜子
手放しで泣かれてをりぬ曼珠沙華　山田珠み

冬

数へ日や猫はさうでもないらしい　春日《かすが》愚良子《ぐらし》
黙読の喉の疲れや冬の暮　岡本　眸
日脚伸ぶ猫の三吉ベランダに　星野麥丘人
冬の雲生後三日の仔牛立つ　飯田龍太
荒星や毛布にくるむサキソフォン　摂津幸彦

山眠る机の疵《きず》の一つならず　鈴木真砂女
物理ほど詩的なものなし霜柱　品川良夜
ニュートンも錬金術師冬籠る　有馬朗人
雪合戦今日の宿題ありません　國分章司
雪だるま星のおしやべりぺちやくちやと　松本たかし
うしろにも眼がある教師日向ぼこ　森田　峠
タクシーに顔がいつぱい七五三　青山　丈
へろへろとワンタンすするクリスマス　秋元不死男
柔かき海の半球クリスマス　三橋敏雄
星々にことごとく名やクリスマス　石田郷子
無敵よと少女はうたう冬鴎　渡部州麻子
思はずもヒヨコ生まれぬ冬薔薇《そうび》　河東碧梧桐
働けば良いことあらむ冬苺　冨田清月
冬草や黙々たりし父の愛　富安風生
枯葦や叫びたきとき息殺す　鍵和田秞子
冬木立にぎりこぶしのうち熱し　岸田稚魚

夏井いつき（なつい いつき）
1957年生まれ。俳人。
俳句集団『いつき組』組長。
俳句新聞『子規新報』編集委員。
第8回俳壇賞受賞。
各地の小学校・中学校・高等学校にて、「句会ライブ」と
名付けた俳句の授業を展開。

著書『それ行けミーハー吟行隊』（創風社出版）
『句集 伊月集』（本阿弥書店）第5回中新田俳句大賞受賞

夏井いつきの俳句の授業
子供たちはいかにして俳句と出会ったか

2000年10月20日 第一刷発行 定価＊本体1600円＋税
2015年 8 月25日 第三刷発行
著 者 夏井いつき
発行者 大早 友章
発行所 創風社出版
〒791-8068 愛媛県松山市みどりヶ丘９－８
TEL. 089-953-3153 FAX. 089-953-3103
郵便振替 01630-7-14660 http://www.soufusha.jp/
印刷 ㈱シナノ

ISBN 978-4-915699-93-1